세특대장

발 행 | 2022년 04월 15일

저 자 | 김은종, 신정섭 외 27명

펴낸이 | 곽제민

펴낸곳 | 도서출판 강인함

주 소 | 서울특별시 강남구 테헤란로82길 15 디아이타워 4층

          | 서울특별시 강서구 마곡중앙6로 70 매그넘797 6층

전 화 | 070-4754-3407~8

이메일 | servive@teamstrong.co.kr

출판사등록 | 2020.10.05.(제2020-000117호)

ISBN | 979-11-976764-0-6

세특대장

김은종 신정섭 외 27명 지음

| Contents |

Part. 1 입시전문가와 알아보는 학생부종합전형

Part. 2

탐구활동, 이제 쉽게 선정하자

| Contents |

Part. 3 세특은 전공만?
NO! 학 · 발 · 인도 잊지 말자

Part. 4
지·학 만점
지식과 학종 모두 만점으로 만드는 비법

| Contents |

Part. 5   실제 합격자 정보 훔치기

학생부종합전형, 단순하게 해결하자.

안녕하세요.

강인함 입시컨설팅 김은종, 신정섭 수석컨설턴트입니다.

"학생부를 어떻게 채워야 할지 막막해요"

"전공이랑 연결하라는데 너무 어려워요"

코로나19 이전부터 서울뿐만 아니라 경기에서 제주까지 전국의 학생들을 컨설팅하며, 가장 많이 들은 고민은 위 2가지입니다. 이 책의 집필에 자문하게 된 계기도 위 질문을 하는 학생들과 학부모들에게 조금이나마 도움이 되기 위해서였습니다.

"단순히 공부만 잘하면 된다."를 넘어서

"성적이 좀 낮아도 괜찮다."라고 말하는

학생부종합전형.

그 기회를 최대한 활용할 수 있는 정답은 사실 가벼운 원리로도 충분합니다. 현직 컨설턴트가 설명하는 기본부터 실전 원리까지 하나씩 살펴보고 합격 선배들의 사례와 노하우를 배워보면서,

이제까지 어렵게 느껴져 왔던 학생부종합전형 고민을 가장 단순한 원리로 쉽게 해결해봅시다.

혼자서도 쉽게 '학생부종합전형'에서 승리하는 기회를 만드실 수 있길 기원합니다.

도서 자문

김은종 컨설턴트

現) 강인함입시컨설팅 수석컨설턴트

現) 입시콕 교육연구소 평가팀장

前) 유웨이 컨설턴트

前) KAIST 충청강원권 교육기부센터 입시자문

신정섭 컨설턴트

現) 강인함입시컨설팅 수석컨설턴트

現) 입시콕 교육연구소 자문위원

前) KAIST 충청강원권 교육기부센터 입시자문

'합격 기운' 받아 가기

수험생 여러분들의 고민을 해결해주고 싶다는 일념으로 본 도서 집필에 열심히 참여해준 합격 선배들(강한 저자단)의 응원과 격려의 말을 전달 드립니다!

응원 글을 읽으며 합격의 기운,

듬뿍! 받아 가시길 바랍니다!

고등학교 경험을 토대로 열심히 글을 써보았는데 조금이나마 수험생 여러분께 도움이 되었으면 좋겠습니다. 그리고 제가 느낀 것들이 모두 정답은 아니니까 자신의 상황에 따라 조금씩 참고만 해주셨으면 좋겠습니다. 지금 힘들어도 좌절하지 말고 조금만 힘내서 앞으로 달려가시길 바랍니다. 여러분 앞길에 좋은 날이 있길 응원하겠습니다.

한양대학교 강서연 저자

코로나19 속에서도 열심히 노력하는 여러분들을 만나 뵙게 되어 영광이라 생각합니다. 제 경험이 조금이나마 여러분의 대입 준비에 도움이 되었으면 좋겠습니다. 앞으로의 인생이 더 길고, 재미있을 것이니까 자신감을 가지고, 최선을 다해서 대입 결과를 웃으면서 맞이할 수 있기를 응원하고, 기대하겠습니다.

중앙대학교 강세진 저자

책 출판에 참여할 수 있어 기쁘고 행복했습니다. 부디 이 책이 학생분들에게 많은 도움이 되기를 바라며, 독자 여러분들을 진심으로 응원하겠습니다. 후회 없는 학창 생활 보내세요!

한국외국어대학교 강승연 저자

많은 고민과 불안감으로 힘들 테지만, 언젠가 그 노력이 반드시 결실을 맺을 것입니다. 저의 글을 통해 조금이나마 도움을 얻었으면 좋겠고, 앞으로의 길에 행복한 일만 있기를 진심으로 바라겠습니다.

서울시립대학교 윤정우 저자

셀프 브랜딩 하는 법과 셀프 프레젠테이션하는 것은 여러분에게도 저에게도 중요합니다. 저의 꿀팁을 하나도 빠짐없이 공유하겠습니다. 우리 모두 파이팅!

중앙대학교 김연주 저자

저자단으로 여러분께 제 경험을 이야기하면서 생기부를 작성할 때 무엇이 가장 중요한지 고민해봤어요. 자신의 걸음에 맞게 내 이야기를 들려줄 수 있는 생기부를 만들어보세요. 길다면 길고, 짧다면 짧은 3년의 고등학교 생활, 이 순간을 잘 버틴다면 보상을 얻을 수 있을 거예요. 진심으로 응원합니다.

한국외국어대학교 김나은 저자

이 글을 쓰면서 한국외대에 6년간 오고 싶다는 생각에 방학마다 왕복 5시간 거리인 외대를 자주 왔던 기억이 아직까지 생생하네요. 그 시기가 언제인지는 아무도 모르지만, 그날이 오기를 바라며 일상의 사소한 행복을 누리며 오늘을 살아갑시다. 간절히 소망하고, 노력을 실천하면 꼭 이루어질 거예요.

한국외국어대학교 김다빈 저자

미래를 알 수 없는 길을 걷는 것에 대한 불안함과 막막함, 그 시기를 지나면 어느덧 한층 성장해 있을 것입니다. 저도 모두 겪어 보았기에, 고등학교 시절을 되돌아보며 그때의 저에게 하고 싶은 이야기들을 담아내고자 노력했습니다. 3년이라는 시간 동안 자신을 믿고 꾸준하게 나아가는 과정이 결코 쉽지는 않겠지만, 끝까지 포기하지 않으셨으면 좋겠습니다. 수험생 여러분들을 위해 이렇게 출판 과정에 참여하게 되어 영광이며, 저의 글들이 여러분들께 조금이나마 도움이 되었으면 하는 바람입니다.

고려대학교 김단아 저자

이 책을 쓴지도 벌써 오랜 시간이 되었네요. 고등학교 3년이라는 시간이 짧다면 짧고, 길다면 긴 시간일 수 있을 거예요. 그 시간들을 헛되이 쓰지 않고 친구들과도 좋은 추억을 많이 만들면서, 자신이 미래에 되고 싶은 꿈과 전공을 생각해보며 한 걸음씩 걸어 나간다면, 분명좋은 결과가 있을 거예요. 항상 응원할게요. 파이팅입니다.

성신여자대학교 김명지 저자

수험생 여러분께 제가 조금이나마 도움이 될 수 있어서 다행입니다. 각자 노력하고 있는 지금, 이 순간에 자신에게 칭찬도 해주고, 자신에 대해 생각해보는 시간이 있었으면 좋겠습니다. 미래에는 여러분이 생각하실 수 없을 만큼 멋진 사람이 되어있을 겁니다. 항상 옆에서 응원하겠습니다.

명지대학교 김민상 저자

생활기록부를 준비하며 막막한 생각이 들 것입니다. 저의 자료가 도움이 됐으면 좋겠습니다. 사소한 활동이라도 최선을 다한다면 좋은 결과가 있을 것입니다! 항상 열심을 다하는 자세로 3년을 마무리했으면 좋겠습니다. 감사합니다.

숙명여자대학교 노희지 저자

오래된 입시 내용이지만 도움이 되길 바랍니다. 대학에 진학하면 지금보다 행복할 거라고 확신은 못 드리지만, 행복할 수 있는 기회들은 훨씬 많다고 확실히 말씀드릴 수 있습니다. 미래의 합불을 걱정하며 불안한 마음은 버리고, 지금 집중할 수 있는 것들에 집중하셨으면 좋겠습니다.

경희대학교 박가연 저자

저의 입시는 끝난 지 꽤 되었지만, 거의 1년 넘게 출판 활동을 진행하면서 내가 학생 때 이렇게 치열했었구나, 열심히 했었구나. 하면서 계속 되짚어보게 되네요. 여러분도 후회되지 않도록 모든 것들을 다 쏟아보셨으면 좋겠어요. 제 글들이 여러분의 타오르는 열정에 부채질이 된다면 좋겠습니다!

동국대학교 박성은 저자

오랜만에 생기부를 되돌아보며 참으로 열심히 살았다는 생각이 듭니다. 이 열심히 살았다는 기억은 앞으로 뭐든 제가 할 수 있다라는 자신감을 심어주는 것 같습니다. 여러분도 한 번 정말 열심히 살아, 내가 뭐든 할 수 있다는 자신감, 꼭 성취하시길 바랍니다.

고려대학교 방지수 저자

나름대로 치열하게 살아온 저의 고등학교 3년이 담긴 책이 수험생 여러분을 만나게 되어 정말 기쁩니다. 저의 소소한 조언들이 여러분의 발걸음에 힘을 실어줄 수 있으면 정말 좋겠습니다. 고등학교 3년은 본인의 마음가짐에 따라 길면 길고, 짧으면 짧다고 할 수 있는 시간입니다. 그 시간을 귀중하고 아름답게 사용하시길 바랍니다. 수험생 여러분의 성공을 진심으로 기원합니다.

연세대학교 손고운 저자

부족한 실력이지만 조금이나마 학생분들 만의 길을 찾는데 실마리를 제공하고 싶어 최대한 감각과 기억을 살려 작성했습니다. 제 인생에서 노력이 항상 승리를 보장해 주지는 못했지만, 승리가 노력 없이 굴러들어온 적은 없었던 것 같습니다. 각자의 사정을 가진 채 이 책을 펼치신 여러분. 여러분들만의 길에서의 '승리'를 진심으로 응원합니다!

아주대학교 이광희 저자

안녕하세요. 이번 도서를 통해 만나 뵙게 되어 반갑습니다. 이번 도서를 쓰는 동안 제 학창 시절 활동들을 되돌아보니 이제는 어떤 점이 부족했는지 눈에 보였습니다. 이러한 저의 경험을 책에 담았으니 여러분들에게 많은 도움이 되었으면 좋겠습니다.

상명대학교 이예린 저자

안녕하세요? 저는 현재 한국외대 프랑스어학부 3학년에 재학 중인 최현정이라고 합니다. 수험 생활이 많이 힘들고 고되리라 생각됩니다. 그러나 지나고 나서 보면, 고등학교 시절은 다시는 되돌릴 수 없는 소중한 추억이 될 것입니다. 그러니 되돌아보았을 때 후회하지 않도록, 치열하게 한번 해 봅시다!

한국외국어대학교 최현정 저자

안녕하세요, 정지원입니다. 고등학교 시절, 저는 항상 불안하고 혼란스러웠던 것 같습니다. 지금 여러분은 여러분이 할 수 있는 최선의 선택을 하고 있고, 그에 따라 열심히 준비하고 있다면 꼭 좋은 결과가 따라올 것이라고 생각합니다. 남들과 비교 하지 말고, 스스로를 잘 다독여 주세요. 모두 원하는 결과 얻을 수 있도록 응원할게요 :)

서울대학교 정지원 저자

안녕하세요! 정치를 공부하는 정예진입니다. 모자란 경험으로 저자로 이름을 올리는 것이 참 부끄럽습니다만 조금이라도 도움이 되시기를 간절히 바랍니다. 원하는 대학에 진학하셔서 대학보다 더 큰 꿈과 목표를 가지시기를 응원합니다 :)

고려대학교 정예진 저자

안녕하세요. 이 책을 읽고 계신 분이 어느 학년인지는 다 다르겠지만 한창 힘이 필요한 시기일 텐데, 코로나 때문에 몸도 마음도 더 지쳐 있을 것 같아요. 그래도 포기하지 말고 자신을 믿으면서, 끝까지 한번 열심히 해보시길 바랍니다. 열심히 하면, 적어도 내 노력에 대한 후회는 남지 않는 것 같습니다. 혹시라도 내년 내후년에 학교에서 저를 만난다면, 제가 맛있는 밥 사드릴게요. 당신의 건승을 진심으로 기원합니다 :)

성균관대학교 조해영 저자

숭실대학교 사회복지학부 재학생입니다. 수도권 소재 일반고 인문계를 졸업하여 2019년도 본교 자유전공학부에 입학했으며, 현재 사회복지학을 주전공으로 통일외교 및 개발 협력 분야를 함께 전공하고 있습니다. 학생부종합전형으로 본교 외 2곳(정치외교학과, 국제관계학과)에 합격한 바 있으며, 이러한 경험을 바탕으로 대학생 멘토로서 후배들을 만나고 있습니다. 다시 돌아오지 않을 이 시간들을 후회 없이 즐기고 채워나가 훗날 서로의 분야에서 빛나는 모습으로 마주하기를 고대합니다. 감사합니다.

숭실대학교 이병주 저자

지금 생각해보면 다소 맹목적이었을 정도로 대학이라는 하나의 목표만을 달려온 3년의 시간을 기록하는 계기가 되었습니다. 치열한 노력의 기억은 항상 제가 지금 어떤 태도로 삶을 대하는지 반성하게 하고, 동시에 삶의 원동력 중 하나로 작용합니다. 제 경험은 수많은 수험생의 경험 중 하나일 뿐이지만, 이 책의 기록들이 여러분의 노력이 좋은 결과로 이어지도록 돕기를 진심으로 바랍니다.

고려대학교 이시연 저자

입학을 한 지 3년이나 지나 입시 관련은 이제 기억이 잘 나지 않지만, 제 학과 혹은 학교와 관련한 질문은 아는 선에서 성심성의껏 대답해 드리겠습니다. 도움 필요하신 분들은 제 메일로 연락 주세요! 원하는 대학 합격해서 원했던 일 마음껏 하시길 바랄게요. 여러분의 찬란한 미래를 응원합니다.

인하대학교 이지선 저자

저는 고3 때만 성적이 좋았습니다. 그래서 가끔 아쉬움이 들지만, 후회는 하지 않습니다. 주어진 상황마다 제가 할 수 있는 최선의 노력을 다했기 때문입니다. 수험생활이 실패해도 인생은 공부가 전부는 아닙니다. 하지만 고등학교 생활에 후회는 하지 않도록 할 수 있는 모든 노력을 다하시길 바랍니다.

인하대학교 이지훈 저자

"무엇이든 할 수 있는 '나이'다. 무엇이든 할 수 있는 '나'이다 ."여러분은 무한한 가능성을 품은 강한 사람이니까, 무너지지 않고 잘 이겨낼 수 있을 거라 믿어 의심치 않습니다. 행복을 향해 열심히, 또 꾸준히 달려가는 여러분의 소중한 과정을 진심으로 응원합니다!

경인교육대학교 조대웅 저자

작년부터 연구원으로 함께한 이 책이 드디어 여러분을 만나게 되어 정말 기쁩니다. 입시 관련 칼럼을 어느덧 3년째 쓰고 있는데, 수험생 여러분을 위해 글을 쓰고 있지만, 한편으로는 제 인생에서 가장 치열했던 빛나는 시절을 되돌아볼 수 있게 해 준다는 점에서 저에게도 참 귀한 시간인 것 같습니다. 이왕 하는 거, 정말 '이러다 죽겠다.' 싶을 정도로 간절하게 준비해보세요. 적어도 노력이 부족했다는 후회는 들지 않도록, 남은 시간을 최선을 다해 보내시길 바랍니다. 여러분을 진심으로 응원합니다.

연세대학교 최고은 저자

Part. 1

입시전문가와 알아보는
학생부종합전형

01

학생부종합전형,
기초만 알면 충분하다.

요즘 학교, 학원, 인터넷 등 조금만 둘러보면, 성적이 낮았음에도 학생부종합전형으로 목표대학에 합격한 이른바 '학종러'들을 심심찮게 만나볼 수 있습니다. 성적만으로 줄 서서 대학에 진학하던 것이 오래되지 않았기에 이러한 현상이 익숙하지 않으신 분들이 계시겠지요.

이 도서를 읽고 계신 여러분께서는 잘 알고 계실 수도 있지만, 학생부종합전형이라고 하면 정보가 너무 많아서 아직 어렵게 느껴지실 분들을 위해 '기초'만 요약하여 두 가지 사항만 알려드리고 Part 2부터 본격적인 실전에 관해 말씀드리겠습니다.

1. 학생부종합전형은 무엇일까?

과거 대입은 성적으로만 평가하던 전형들로 이루어져 시험공부만 열심히 해도 될 만큼 단순했습니다. 그런데 지금은 왜 '학생부종합전형'과 같은 복잡한 전형이 만들어져 어려워졌을까요? 정답은 사회 변화에 있습니다. 흔히 말하는 4차 산업혁명 시대가 다가오면서 창의성이 인재의 기준으로 떠올랐기 때문입니다. 점수가 단 0.1점만 차이가 나도 합격과 불합격이 갈라지는 기존의 대입제도는 수험생들을 평가할 때는 편하지만, '정말 사회에 필요한 인재를 선발하는 방법인가?' 확신하기 어려웠습니다.

그래서 학생부종합전형은 '정량 평가'와 '정성 평가'를 모두 '종합적으로' 평가하도록 구성되었습니다. 기존 대입 제도처럼 성적이라는 수치를 이용해 정량 평가도 하지만, 그 수치들 속에 담겨있는 의미, 각종 기재사항에 담겨있는 학업태도, 인성, 발전 가능성 등 다양한 역량을 다면적으로 정성 평가하는 방식입니다.

2. 학생부종합전형은 어떤 것을 평가할까?

대학교, 학과마다 선발하고자 하는 인재상이 다르므로 평가 요소 또한 완전히 통일되어 있지는 않습니다. 이에 건국대를 포함한 6개 대학이 표준화 방안을 연구한 결과 4가지의 평가 요소를 발표하였습니다. 그 결과물이 여러분도 많이 들어보셨을 4가지 평가 요소, '학업 역량, 전공 적합성, 발전 가능성, 인성'입니다. 학생부종합전형은 결국 4가지 평가 요소를 학교생활기록부, 자기소개서, 면접을 통해 보여주고, 평가받는 전형입니다.

이러한 평가 요소에 관한 설명이 궁금하실 여러분을 위해 29page에 4가지 평가 요소와 평가항목 표준안[1] 그림 출처 : 건국대 포함 6개 대학, 대입전형 표준화방안 공동연구 – 학생부종합전형 공통 평가요소 및 평가항목 소책자 57p

이 설명된 그림을 첨부해두었으니, 참고해보시길 바랍니다.

---

[1] 그림 출처 : 건국대 포함 6개 대학, 대입전형 표준화방안 공동연구 - 학생부종합전형 공통 평가요소 및 평가항목 소책자 57p

전공 관련 교과목 이수 및 성취도

- 고교 교육과정에서 지원 전공(계열)에 필요한 과목을 수강하고 취득한 학업성취의 수준

전공에 대한 관심과 이해

- 지원 전공(계열)에 대한 궁금증을 해결하기 위해 주의를 기울인 태도와 알고 있는 정도

전공 관련 활동과 경험

- 지원 전공(계열)에 대한 관심을 충족시키기 위해 노력한 과정과 배운 점

협업능력

- 공동체의 목표를 달성하기 위하여 상호 신뢰를 바탕으로 함께 돕고 함께 생활할 수 있는 역량

학업성취도

- 교과목의 석차등급 또는 원점수(평균/표준편차)를 활용해 산정한 학업능력 지표와 교과목 이수 현황, 노력 등을 기반으로 평가한 교과의 성취수준이나 학업적 발전의 정도

나눔과 배려

- 상대방을 존중하고 이해하여 원만한 관계를 형성하며, 타인을 위하여 기꺼이 나누어 주고자 하는 태도와 행동

학업태도와 학업의지

- 학업을 수행하고 학습을 해 나가는 자발적인 의지와 태도
- 학습자가 스스로 학습 목표를 설정하고 적절한 학습 전략을 선택하여 계획을 수립·실행하는 과정

소통능력

- 상대방의 의견을 경청하고 공감할 수 있으며, 자신의 정보와 생각을 효과적으로 전달할 수 있는 역량

전공적합성
지원 전공(계열)과 관련된 분야에 대한 관심과 이해, 노력과 준비 정도

학업역량
학업을 충실히 수행할 수 있는 기초 수학 능력

학생부 종합전형 평가요소

인성
공동체의 일원으로서 필요한 바람직한 사고와 행동

도덕성

- 공동체의 기본윤리와 원칙에 따라 행동하고, 부정 또는 부당한 행동을 하지 않는 태도

발전가능성
현재의 상황이나 수준보다 질적으로 더 높은 단계로 향상될 가능성

탐구활동

- 어떤 대상에 대해 호기심을 가지고 깊고 폭넓게 탐구할 수 있는 능력

성실성

- 책임감을 바탕으로 꾸준히 노력하여 자신의 의무를 다하는 태도와 행동

자기주도성

- 스스로 목표를 설정하고 적절한 전략을 선택하여 계획을 수립하고 실행하는 성향

경험의 다양성

- 학교교육의 다양한 영역에서 직접 겪거나 활동하면서 얻은 성장 과정 및 결과

리더십

- 공동체의 목표 달성을 위해 구성원의 화합과 단결을 이끌어가는 역량

창의적 문제해결력

- 창조적이고 논리적인 사고로 문제를 해결하는 능력

29

02

세부능력 및 특기사항은
왜 중요할까?

　학생부종합전형에 관해 알아보았는데, 그래서 "왜 하필 이 도서는
'세특'에 초점이 맞춰져 있는가?" 궁금할 것입니다. 한마디로 답변하자
면, '대입제도의 변화' 때문입니다.

　학생부종합전형은 도입된 후 본 목적대로 다양한 역량을 종합적으
로 지닌 인재들을 선발하기도 했지만, 한편으로는 '금수저 전형'이라고
불렸을 정도로 공정하지 못하다는 평가를 받기도 했습니다. 그래서 교

육부는 2019년 11월에 '대입제도 공정성 강화 방안'을 통해 2021학년도~2024학년도에 점차 대입 공정성을 강화하는 로드맵을 발표했습니다.

이로 인해 학교생활기록부 외에도 서류평가에 활용되던 '교사 추천서'는 2022학년도 입시부터 폐지되었으며, 수시 모집 기간마다 수험생들이 열심히 준비하던 자기소개서 또한 점차 줄어 2024학년도 입시부터 전면 폐지됩니다. 학생부종합전형 특성상 '평가'할 수 있는 서류가 '학교생활기록부'로 최소화된 것입니다. 심지어 '학교생활기록부' 기재사항에서도 비교과 활동 중 사교육을 유발하거나 공정성을 해칠 수 있는 내용을 최소화하기 위해 '정규교육과정 내 활동'만 대입에 반영되도록 했으며, 인적 사항과 고교 정보가 드러나지 않도록 블라인드를 확대하며 고교 프로파일 또한 전면 폐지했습니다.

이는 분명 학생, 학부모 여러분들께는 희소식일 것입니다. '고스펙'을 쌓아야만 학생부종합전형에 지원할 수 있다는 걱정이 없어졌기 때문입니다. 교내 활동에만 집중해도 충분히 경쟁력을 쌓을 수 있습니다. 또한, 자기소개서와 같은 추가 서류를 준비하기 위해 이중으로 노력하는 부담이 줄어, 학업과 면접 준비에만 집중할 수도 있습니다.

하지만! 우리는 대학 합격을 결정짓는 '평가관'의 관점에서도 생각해야 합니다. 공정성이 강화되면서 평가관들은 '평가 가능한 항목'이 축소된 만큼 기재되어 있는 내용만으로도 '대학이 원하는 인재'를 찾아낼 수 있도록 더욱 꼼꼼히 살피고 비교해야 합니다.

한 마디로 이제 '수험생'들에게 '축소된 기재사항'에 들어갈 내용을 어떻게 '효율적'으로 활용하는지도 중요해진 것입니다. 특히 그중에서도 국어, 수학, 영어 등 수업 시간에서의 활동을 기록하는 '세부능력 및 특기사항'은 학교생활기록부 항목 중 1) 가장 큰 분량을 차지하고 있다는 점, 2) 교과 활동을 어떻게 활용하느냐에 따라 '수험생의 역량'을 다면적으로 보여줄 수 있다는 점에서 '학생부종합전형의 격전지'가 되었다고 볼 수 있습니다.

따라서 이 책은 '세부능력 및 특기사항' 일명 '세특'을 이용해 학생부종합전형에서 승리할 수 있도록 실전적인 방법을 소개해드릴 예정입니다. 소개할 방법들은 실제 학생부종합전형에서 합격한 선배들의 탐구활동 진행 및 주제도출 과정을 유형화하여 혼자서도 학교생활에 쉽게 적용해볼 수 있도록 입시전문가가 직접 고안한 방법입니다. 물론 책에서 소개하는 방법이 세특을 관리하는 왕도는 아닙니다. 하지만 누구나 입시전문가의 도움을 받기는 어렵겠죠. 그러한 상황일지라도 스스로 학교와 집에서 쉽게 활용해 우리의 역량이 가득 담긴 세특을 만들 수 있도록 고안한 방법이니 적극적으로 활용해보시길 바랍니다.

자, 이제부터는 지금까지 소개한 세특 관리 방법을 직접 배워 볼 시간입니다. Part 2부터 소개될 다양한 실전적인 방법을 학습하고 활용하여 우리만의 강점이 담긴 세특을 완성해봅시다!

Part. 2

탐구활동,
이제 쉽게 선정하자

학생부종합전형과 세부능력 및 특기사항의 중요성을 학습했으니, 이번에는 본격적으로 좋은 '세특 주제'들을 만드는 방법에 관해 알아보 겠습니다.

'창의적 인재 양성' 목적에 따라 학생부종합전형이 주목받는 만큼, 최근 학교들도 학생들이 단순히 '시키는 것'을 공부하는 것이 아니라 '본인이 원하는 주제'를 스스로 선정하고 계획해 학습해보는 기회를 주 는 경우가 늘었습니다. 그렇다 보니 자연스럽게

"어떤 주제로 활동을 진행해야 하는가?"

고민하는 학생들이 늘었습니다. 특히 학생부종합전형을 준비해야 하는 우리는 '대학 합격'이라는 목표에 딱 맞는 좋은 주제를 생각해야 하는데, 여기저기 워낙 많은 정보가 돌아다니다 보니 이것저것 찾아보 고 고민하느라 시간은 썼지만, 막상 이게 좋은 것인가? 불안감만 높았 을 것입니다.

그래서 이번 Part 2에서는 고민 없이 주제를 선정하면서도, 대학에 합격한 선배들처럼 우리에게 딱 맞는 주제로 '세특'을 만들 방법을 알 아보도록 하겠습니다.

01

자유주제 탐구활동,
나만의 키워드 하나면 끝!

자유주제 탐구활동이란?

우리가 세특 주제를 고민하게 되는 상황에는 두 가지 상황이 있습니다. 첫 번째는 조건 없이 자유롭게 주제를 선정할 수 있는 상황이며, 두 번째는 교내 활동에서 주어지는 조건에 맞게 주제를 선정해야 하는 상황입니다.

이 중 조건 없이 자유롭게 주제를 선정할 수 있는 상황은 말 그대로 주제 선정에 있어 교과나 단원, 탐구 방식(설문조사, 실험 등), 다뤄야 하는 사회문제 등의 한정된 조건 없이 주제를 선택하여 진행할 수 있는 활동을 말합니다.

이번 단원에서는 자유롭게 주제를 선정할 수 있는 상황에서 적용할 수 있는 주제 선정 원리를 먼저 알아보겠습니다.

자유주제를 선정할 때는 나만의 키워드 하나만 기억하면 됩니다. 나만의 키워드는 '전공, 진로', '활동 경험', '이전 학년'의 세 가지 카테고리에서 나에게 꼭 맞는 키워드들을 도출해 교과 활동과 연결하여 이상적인 세특 주제를 만드는 실전 원리입니다. 정말 단순한 방법으로도 전문가가 도출한 주제처럼 우리에게 딱 맞는 주제를 선정할 수 있도록 도와줄 원리인 만큼 힘차게 배워봅시다!

나만의 키워드 1. 전공, 진로

　나만의 키워드를 도출하는 첫 번째 카테고리는 '전공, 진로'입니다. '전공 혹은 진로'와 교과 활동을 연결하는 것이 전공과 관련된 관심, 이해도를 보여줄 수 있어 좋다는 것은 모두가 알고 있는 사실입니다. 그러함에도 이렇게 첫 번째로 '전공, 진로'에 대해 설명해드리는 이유는

　그래서 '교과 활동'과 '전공 혹은 진로'를 연결하고자 할 때, 어떤 주제로 탐구활동을 진행해야 할까?'에 대한 실질적인 방법을 알려드리기 위함입니다.

　단순히 전공 관련 동아리에 가입하고, 관련 책을 읽으면 된다는 무의미한 원리가 아니라, 전문가가 추천한 것 같은 양질의 주제를 집에서, 혼자서, 손쉽게 만들 방법을 알려드리겠습니다.

　　※ 원리의 이해를 위해 두 명의 가상의 학생 예시를 들어 설명해드리겠습니다. 우선 '응용소프트웨어 개발자'라는 직업을 '희망 진로'로 생각하는 학생을 예로 설명해드린 후 '임상심리사'라는 직업을 희망 진로로 생각하는 학생을 예시로 복습해보겠습니다.

　　* 응용소프트웨어 개발자는 각종 응용 분야의 컴퓨터 소프트웨어를 설계하고 개발하는 컴퓨터공학과와 관련된 직업입니다.

1. 먼저 희망 전공, 진로와 관련된 나만의 키워드를 정리해 봅시다.

우선 진학을 희망하는 전공(학과)과 진로(직업)에 관한 정보를 찾아 키워드로 정리해 편하게 하나의 표로 모아봅시다. 전공 정보는 '주요 교과목(세부 전공)', '연구 분야', 진로 정보는 '필요한 기술 및 지식', '하는 일'을 조사해보며 키워드를 쉽게 도출할 수 있습니다. 예시를 통해 구체적으로 알아봅시다.

> ※ 특히 전공, 진로를 조사해보는 일은 차후 면접 전형 대비에도 도움 됩니다. 학생부종합전형은 면접 평가를 병행하는 경우가 많은데, '전공, 진로'와 관련하여 고민하고 노력해온 경험을 질문하는 경우가 많기 때문입니다. 이번 기회에 완전히 정리해둔다는 생각으로 키워드들을 정리해봅시다!

'전공 진로를 활용해 도출한 나만의 키워드 정리' 참고 예시

프로그래밍 언어	네트워크	디지털 공학	알고리즘	…
사물 인터넷	인공지능	빅데이터	블록체인	…
프로그래밍	소프트웨어 공학	운영체제	자료구조	…
정보보호	소프트웨어 설계	소프트웨어 개발·보수	소프트웨어 최적화	…

위 표는 '컴퓨터공학과' 전공과 '응용소프트웨어 개발자'진로와 관련된 정보를 다음 장부터 소개하는 방법으로 조사하여 키워드로 정리한 예시입니다.

자, 지금부터는 예시를 참고하여 우리만의 전공 진로 관련 나만의 키워드를 정리해봅시다. 키워드를 정리하는 과정에서 전공, 진로와 관련해 스스로 관심 있는 키워드를 정리해도 좋으며, 키워드 도출이 어렵다면 지금부터 소개할 방법도 활용해 볼 수 있습니다.

A. 전공키워드 찾기

1) '워크넷' 홈페이지 - [학과 검색] 이용하기

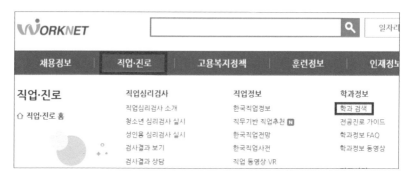

워크넷에 접속한 후, [직업·진로] – [학과정보] – [학과 검색]을 클릭합니다.

학과 검색 페이지에 진입했다면 키워드 검색을 통해 진학을 희망하는 전공을 검색해봅시다.

관련학과/ 교과목	학과의 주요 교과목, 최근 기술변화를 반영한 교과목에 대한 정보를 제공합니다 또한 전공과 관련하여 취득할 수 있는 국가(기술)자격 및 면허, 민간자격을 소개합니다

· 관련학과

관련학과로는 컴퓨터공학과, 멀티미디어공학과, 컴퓨터시스템공학과 가 있습니다

· 주요교과목

컴퓨터 하드웨어와 소프트웨어, 네트워크 등을 전반적으로 공부하는 학과인 만큼 전공영역이 매우 광범위합니다. 컴퓨터구조에 대한 기본지식은 물론이고 하드웨어와 소프트웨어를 설계 개발하기 위해 필요한 각종 프로그래밍언어, 운영체제, 데이터베이스, 논리회로, 네트워크 등에 대한 이론과 기술을 공부합니다. 특히 시스템 설계를 비롯해 각종 실험 실습 과목을 강조하며, 대학에 따라 학기 중 업체에서 인턴십 과정을 거치게 하여 실무능력을 기르도록 하고 있습니다. 전문대학에서도 '컴퓨터과', '컴퓨터시스템과' 등에서 시스템 설계, 웹서버관리 등의 실무능력을 배양합니다

* 기초과목 : 디지털공학, 소프트웨어공학, 프로그래밍언어, 논리회로, 컴퓨터구조, 운영체제, 마이크로프로세서, 컴퓨터실험, 설계프로젝트
* 심화과목 : 컴퓨터보안, 네트워크, 멀티미디어공학, 멀티미디어실험, 데이터베이스시스템, 임베디드시스템 프로그래밍, 컴퓨터그래픽스, 모바일소프트웨어, 인공지능

  검색 결과에서 희망 전공을 선택한 후 [관련 학과, 교과목] 탭을 클릭합니다. 이후 해당 탭의 [주요 교과목]에 기술된 내용을 바탕으로 희망 학과의 '주요 교과목'과 '연구분야' 중 활용해보고 싶은 내용을 나만의 키워드에 정리할 수 있습니다.

  다음은 '서울진로진학정보센터'를 활용하는 방법입니다.

2) '서울진로진학정보센터' 홈페이지 - [학과 정보] 이용하기

서울진로진학정보센터에 접속한 후, [대학진학정보] − [대학/학과
정보] − [학과정보]를 클릭합니다.

학과정보		
	전공계열 ❓	
전공계열	☑ 전체 ☑ 인문계열 ☑ 사회계열	
	☑ 공학계열 ☑ 자연계열 ☑ 의약계열	
학교유형	☑ 전체 ☑ 대학 ☑ 전문대학	
	컴퓨터공학과 🔍 검색	

학과정보 페이지에 진입했다면 검색을 통해 진학을 희망하는 전공
을 검색해봅시다.

| 학과개요

어느날 갑자기 지구상의 모든 컴퓨터가 사라진다면 모든 것이 정지될지도 모릅니다. 컴퓨터공학은 IT와 정보통신 기술을 기반으로 정보화 시대를 이끄는 첨단 공학 분야라 할 수 있습니다. 모든 산업 분야에 컴퓨터 공학 기술은 깊은 관련이 있습니다. 컴퓨터 공학은 컴퓨터 시스템, 프로그래밍 기법, 알고리즘 설계, 응용소프트웨어 개발, 정보화사업 관리방법론 등 다양한 이론과 실습을 통해 유능한 인재를 키우는데 목표를 두고 있는 학과입니다.

| 학과 특성

컴퓨터 공학과 관련된 IT와 정보기술 들이 빠르게 발전하고 있습니다. 빅데이터, 클라우드 컴퓨팅, 5G인터넷, 사물인터넷, 인공지능, 블록체인 기술, 핀테크, 무인자동차 등은 모두 컴퓨터 공학과 깊은 관련이 있습니다. 앞으로도 컴퓨터 공학 분야의 산업과 기술은 계속 확대 될 것으로 전망됩니다.

| 공부하는 주요 교과목

· 운영체제

각종 운영체제에 대해서 구체적인 구조와 구성, 작동원리, 각종 문제를 해결하기 위한 방법을 배웁니다.

· 소프트웨어 공학

소프트웨어 개발의 일반적 과정 및 개발 방법론, 프로젝트 관리와 계획, 요구사항 분석, 각종 개발 모델링 및 소프트웨어 설계 등 전반적인 이론을 배우고 실습을 합니다.

· 자료구조와 실험

여러 가지 자료 구조를 살펴보고 이를 실제적으로 구현하는 방법과 기본적인 알고리즘에 대해서 배웁니다.

· 임베디드시스템

임베디드시스템에 많이 사용되는 마이크로프로세서의 구조를 살펴보고 임베디드용 운영체제를 배웁니다.

· 데이터베이스

데이터를 저장하는 데이터베이스와 이를 중앙 관리하는 데이터베이스 관리 시스템 등 관련 이론을 배웁니다.

검색 결과에서 희망 전공을 선택한 후 [학과 개요], [학과 특성], [공부하는 주요 교과목]에 기술된 내용을 살펴봅시다. 기술된 내용을 바탕으로 학과에서 다루는 '주요 교과목'과 '연구분야'를 확인하고 흥미로운 내용을 나만의 키워드에 정리할 수 있습니다.

B. 진로 키워드 찾기

'워크넷' 홈페이지 - [한국 직업정보] 이용하기

워크넷에 접속한 후, [직업·진로] - [직업정보] - [한국직업정보]
를 클릭합니다.

한국직업정보

한국직업정보 페이지에 진입했다면 키워드 검색을 통해 희망하는
진로를 검색해봅시다.

검색 결과에서 희망 진로를 선택한 후 [요약하기] 탭 내 [필요기술 및 지식]에 기술된 내용을 바탕으로 '필요기술 및 지식' 중 흥미로운 내용을 나만의 키워드로 정리할 수 있습니다.

응용소프트웨어개발자

| 요약하기 | 하는 일 | 교육/자격/훈련 | 임금/만족도/전망 | 능력/지식/환경 | 성격/흥미/가치관 | 업무활동 | 전직가능직업 |

· 직무개요

각종 응용분야의 컴퓨터 소프트웨어를 설계하고 개발한다.

또한, [하는 일] 탭을 클릭한 후 해당 탭 내 [수행직무]에 기술된 내용을 바탕으로 '하는 일'에 대한 내용 중 흥미로운 부분을 나만의 키워드로 정리할 수 있습니다.

C. 전공 진로 정보찾기 추가 Tip.

이번에 알아볼 방법은 앞의 방법들 외에도 더욱 풍부한 정보를 학습하여 이해를 높이고 싶은 분들을 위한 Tip입니다. 아래의 방법을 통해 전공 진로에 대한 이해도를 높임과 동시에 학습하며 흥미로웠던 내용에 대해 나만의 키워드로 정리해볼 수 있습니다.

1) '워크넷' 홈페이지 - [학과정보 동영상] 이용하기

워크넷에 접속한 후, [직업·진로] - [학과정보] - [학과정보 동영상]을 클릭합니다.

학과정보 - 응용예술학　　　학과정보 - 법학　　　학과정보 - 아동·가족학　　　학과정보 - 도시지역지리학

2017.10.26　조회 4786　　2017.10.26　조회 4675　　2017.10.26　조회 2053　　2017.10.26　조회 680

학과정보 - 소비자가정자원학　　학과정보 - 인류학　　학과정보 - 가정교육학　　학과정보 - 비서세무학

2017.10.26　조회 490　　2017.10.26　조회 1056　　2017.10.26　조회 978　　2017.10.26　조회 947

　학과정보 동영상 페이지에 진입했다면 키워드 검색을 통해 희망하
는 학과를 검색해봅시다. 이후 결과로 나온 동영상을 시청하며 희망
학과의 '주요 교과목'과 '연구분야'에 대한 흥미로운 내용을 나만의 키
워드로 정리해볼 수 있습니다.

2) '워크넷' 홈페이지 - [직업 동영상 · VR] 이용하기

워크넷에 접속한 후, [직업·진로] — [직업정보] — [직업 동영상·VR]을 클릭합니다.

직업 동영상·VR 페이지에 진입했다면 키워드 검색을 통해 희망하는 진로를 검색해봅시다. 이후 결과로 나온 동영상을 시청하며 희망 진로의 '필요기술 및 지식', '하는 일'에 대한 흥미로운 내용을 나만의 키워드로 정리해볼 수 있습니다.

※ 워크넷 외에도 인터뷰, 다큐멘터리 등 다양한 자료를 활용해 전공, 진로에 대해 학습하며 나만의 키워드들을 정리해볼 수 있습니다.

3) '고려대학교 인재발굴처' 홈페이지 - [전공안내] '가이드북' 이용하기

고려대학교 서울캠퍼스 인재발굴처에 접속한 후, [학교안내] – [전공안내]를 클릭합니다.

전공안내 페이지에 진입했다면, 희망하는 대학/학부와 학과를 선택하여 '학과 안내 가이드북'을 다운로드합니다. 이후 해당 가이드북을 읽어보며 희망 전공에 대한 '주요 교과목'과 '연구분야'를 확인하고 탐구를 통해 다뤄보고 싶은 내용을 나만의 키워드에 정리할 수 있습니다.

※ 고려대학교 외에도 대학 입학처 홈페이지에 전공에 관한 정보를 안내해주는 학교가 많습니다. 해당 내용을 활용해 목표대학만의 연구 분야 등 정보도 습득할 수 있으니 참고해보시기를 추천합니다.

자, 이렇게 도출한 키워드를 정리하면 아래의 예시 같은 나만의 키워드를 도출할 수 있습니다.

'전공 진로를 활용해 도출한 나만의 키워드 정리' 참고 예시

프로그래밍 언어	네트워크	디지털 공학	알고리즘	…
사물 인터넷	인공지능	빅데이터	블록체인	…
프로그래밍	소프트웨어 공학	운영체제	자료구조	…
정보보호	소프트웨어 설계	소프트웨어 개발 · 보수	소프트웨어 최적화	…

나만의 키워드를 도출하는 과정에서 위에서 소개한 방법 외에도 스스로 관심 있는 주제, 키워드를 칼럼, 논문, 영상 등의 자료를 조사하거나 수업 시간에 학습하고 탐구하는 과정을 통해 도출할 수 있습니다. 따라서 여러분들이 활용해볼 수 있는 다양한 방법을 통해 편하게 나만의 키워드를 정리해봅시다.

2. 앞에서 정리한 '나만의 키워드'를 아래의 표에 있는 '도구 키워드'와 연결해봅시다.

자, 이렇게 정리한 나만의 키워드는 '도구 키워드'와의 연결을 통해 맞춤형 주제로 발전시킬 수 있습니다. 이렇게 맞춤형 주제로 발전시키기 위해 나만의 키워드와 함께 활용되는 도구 키워드는 합격 선배들의 세특 사례를 분석하여, 공통으로 드러났던 '키워드'를 모아둔 표입니다. 도구 키워드와의 연결을 통해, 합격 선배들처럼 다양한 탐구주제를 도출해봅시다.

맞춤형 주제를 도출하기 위한 '도구 키워드'

학습·개발 ·실행 방법	문제·원인 ·방안	영향	해외사례 비교
정의와 유형	미래 전망	AI, 4차 산업 혁명과의 관계	특징과 사례·적용
수업시간 학습·탐구한개념	관련 이론 ·원리	관련 작품 (영화, 드라마 등)	관련 전문가 의견
관련 시사	관련 실험	관련 법· 정책·제도	관련 도서
하위 학문 (분야)	유사한 개념과 유형	유사한 대상과의 비교	트렌드

자, 나만의 키워드도 도출했고 도출한 나만의 키워드와 연결하는 도구 키워드도 배워보았습니다. 그렇다면 이번엔 나만의 키워드를 도구 키워드와 연결해보는 예시를 살펴보며 배운 내용을 완벽하게 이해해 봅시다!

지금부터 살펴볼 예시는 응용소프트웨어 개발자로서의 진로를 생각하고 있는 가상의 학생이 나만의 키워드와 도구 키워드를 연결한 예시입니다.

가상의 학생은 정리해둔 나만의 키워드 중 '프로그래밍 언어'라는 관련 학문에 대해 알아보고 싶다는 호기심이 생겨 이번 탐구활동의 키워드로 선정하였습니다.

'전공 진로를 활용해 도출한 나만의 키워드 정리'
참고 예시

프로그래밍 언어	네트워크	디지털 공학	알고리즘	…
사물 인터넷	인공지능	빅데이터	블록체인	…
프로그래밍	소프트웨어 공학	운영체제	자료구조	…
정보보호	소프트웨어 설계	소프트웨어 개발·보수	소프트웨어 최적화	…

다음으로 도구 키워드를 훑어보며 프로그래밍 언어와 관련하여 기본적인 정보부터 알아보자는 마음으로 '정의와 유형' 키워드를 선택했습니다.

맞춤형 주제를 도출하기 위한 '도구 키워드'

학습·개발 ·실행 방법	문제·원인 ·방안	영향	해외사례 비교
정의와 유형	미래 전망	AI, 4차 산업 혁명과의 관계	특징과 사례·적용
수업시간 학습·탐구한개념	관련 이론·원리	관련 작품 (영화, 드라마 등)	관련 전문가 의견
관련 시사	관련 실험	관련 법· 정책·제도	관련 도서
하위 학문 (분야)	유사한 개념과 유형	유사한 대상과의 비교	트렌드

참고 예시

1) 전공 진로 키워드 선택	프로그래밍 언어
2) 도구 키워드 선택	정의와 유형
3) 연결	**프로그래밍 언어 정의와 유형**

그리고 두 키워드를 연결하여 '프로그래밍 언어 정의와 유형'이라는 연결된 키워드를 도출할 수 있었습니다.

이렇게 참고 예시의 학생처럼 우리도 편하게 나만의 키워드를 선택해 도구 키워드와 연결하면 됩니다.

3. 연결한 키워드를 검색해보며, 탐구주제를 구체화해봅시다.

이렇게 도구 키워드를 활용해 연결한 키워드는 해당 키워드를 검색해보며 나온 자료를 검토하는 과정을 통해 탐구주제로 구체화하실 수 있습니다. 예시를 통해 구체적으로 알아봅시다.

1) 연결한 키워드 검색

사례의 학생은 전공 진로 키워드와 도구 키워드를 연결한 '프로그래밍 언어 정의와 유형'을 인터넷에 검색했습니다.

참고 예시

연결한 키워드 검색	**[프로그래밍 언어 정의와 유형]** 검색

2) 검색 결과 검토

검색 결과로 나타난 자료들을 훑어보며 프로그래밍 언어에는 C, Java 등 다양한 언어 유형이 있으며 언어에 따른 특징과 활용범위가 다른 것을 알게 되면서 프로그래밍 언어에 대한 탐구 호기심을 느끼게 되었습니다.

참고 예시

검색 결과 검토	C, Java 등 다양한 프로그래밍 언어 관련 자료들을 확인

3) 탐구주제 구체화

그래서 학생은 프로그래밍 언어의 종류와 각각의 프로그래밍 언어별 특징과 활용범위에 대해 정리해보고자 '프로그래밍 언어별 특징과 활용범위'를 주제로 확정하게 되었습니다.

참고 예시

탐구주제로 구체화	**[프로그래밍 언어별 특징과 활용범위]**를 탐구주제로 확정

이렇게 사례 속 학생은 전공, 진로와 관련된 나만의 키워드를 정리하고 도구 키워드와 연결함으로써 자신만의 '전공 관련 탐구활동 경험'을 쌓을 수 있었습니다. 이제 우리도 전공, 진로와 관련된 나만의 키워드를 정리하고 도구 키워드와 연결하며 우리만의 전공 진로와 연결한 탐구주제를 손쉽게 선정해봅시다.

※ 당연히 연결한 키워드를 검색했을 때, 한 번에 원하는 결과가 나오지 않을 수 있습니다. 이럴 때는 다른 도구 키워드를 활용하여 더욱 다양한 주제로 탐구 가능합니다. :)

※ 참고 예시를 하나 더 읽어보며 이해해봅시다.

이번 참고 예시는 사례 속 학생이 전공 진로 키워드 중 '알고리즘'을 선정해 또 다른 탐구주제를 만든 사례입니다.

'전공 진로를 활용해 도출한 나만의 키워드 정리' 참고 예시

프로그래밍 언어	네트워크	디지털 공학	**알고리즘**	...
사물 인터넷	인공지능	빅데이터	블록체인	...
프로그래밍	소프트웨어 공학	운영체제	자료구조	...
정보보호	소프트웨어 설계	소프트웨어 개발·보수	소프트웨어 최적화	...

알고리즘의 구체적인 내용에 무엇이 있는지 알아보고 싶다는 생각으로 도구 키워드에서는 '관련 도서'를 선정했습니다.

맞춤형 주제를 도출하기 위한 '도구 키워드'

학습 · 개발 · 실행 방법	문제 · 원인 · 방안	영향	해외사례 비교
정의와 유형	미래 전망	AI, 4차 산업 혁명과의 관계	특징과 사례 · 적용
수업시간 학습 · 탐구한개념	관련 이론 · 원 리	관련 작품 (영화, 드라마 등)	관련 전문가 의견
관련 시사	관련 실험	관련 법 · 정책 · 제도	**관련 도서**
하위 학문 (분야)	유사한 개념과 유형	유사한 대상과의 비교	트렌드

그리고 두 키워드를 연결하여 '알고리즘 관련 도서'라는 연결된 키워드를 도출하였습니다.

참고 예시 2

1) 나만의 키워드 선택	알고리즘
2) 도구 키워드 선택	관련 도서
3) 연결	**알고리즘 관련 도서**

이후 두 키워드를 연결해 '알고리즘 관련 도서'를 검색하였고 알고리즘 트레이닝이라는 도서를 찾을 수 있었습니다.

참고 예시 2

연결한 키워드 검색	**[알고리즘 관련 도서]** 검색
검색 결과 검토	알고리즘 트레이닝(스티븐 할림, 펠릭스 할림) 도서 확인

도서의 목차와 줄거리를 확인하다 보니, 알고리즘에 수많은 종류가 있다는 것을 알게 되었고 그 중 '그래프 탐색 알고리즘' 단원에 호기심을 가지게 되었습니다.

이에 구체적으로 알아보고 싶다는 생각으로 '그래프 탐색 알고리즘이란?'을 탐구주제로 선정하게 되었습니다.

참고 예시 2

탐구주제로 구체화	**[그래프 탐색 알고리즘이란?]**을 주제로 탐구

응용소프트웨어 개발자를 꿈꾸는 학생이 선정한 두 가지 탐구주제를 통해, 전공 진로 관련된 나만의 키워드를 도출하고 이를 주제로 활

용하는 방법에 대해 알아보았습니다.

자, 이제 나만의 키워드가 무엇이고 어떠한 방법으로 주제를 도출하는지 감이 오셨을 것으로 생각됩니다. 이제 다음 장부터는 넘어 여러분이 올 한해 진행한 여러 활동을 통해 쌓은 '활동 경험'을 통해 나만의 키워드를 도출하는 방법을 알아보겠습니다.

나만의 키워드 2. 활동 경험

이미 진행된 '활동 경험'도 다시 봐야 합니다! 이번에 알아볼 나만의 키워드 두 번째 카테고리는 올 한해 진행한 '활동 경험'입니다. 활동 경험은 서로 다른 활동 영역들을 같은 호기심 분야로 연결함으로써 해당 분야에 관한 '지속적인 호기심'과 '지식을 확장하고자 열정을 보인 모습'을 부각할 수 있습니다. 자, 그러면 지금부터 활동 경험을 활용해 나만의 키워드를 도출하는 방법을 배워봅시다.

1. 이제까지 진행해온 전반적인 교내 활동과 활동에 담긴 '활동 경험'을 나만의 키워드로 정리해봅시다.

전반적인 교내 활동은 '강연 및 특별교육 참석, 멘토링, 주제 탐구활동, 토론, 봉사활동, 교과 수행평가, 수업 시간에 배운 교과 개념, 교과서 지문, 도서' 등 학교생활기록부 항목의 구분 없이 정말 1년간 '진행했던 모든 활동'을 편하게 떠올려보면 된다는 것을 의미합니다.

또한, 교내 활동을 통해 '학습한 개념, 읽었던 도서나 자료, 새로 알게 된 사실, 조사했던 사례' 등 다양하게 경험한 내용을 편하게 키워드로 정리하면 되는 것입니다.

전반적인 교내 활동은 '강연 및 특별교육 참석, 멘토링, 주제 탐구활동, 토론, 봉사활동, 교과 수행평가, 수업 시간에 배운 교과 개념, 교과서 지문, 도서' 등 학교생활기록부 항목의 구분 없이 정말 1년간 '진행했던 모든 활동'을 편하게 떠올려보면 된다는 것을 의미합니다.

또한, 교내 활동을 통해 '학습한 개념, 읽었던 도서나 자료, 새로 알게 된 사실, 조사했던 사례' 등 다양하게 경험한 내용을 편하게 키워드로 정리하면 되는 것입니다.

'활동 경험에서 도출한 나만의 키워드' 정리 예시

1) 교내 활동	동아리 활동 : **[빅데이터의 전망]**을 주제로 탐구		
2) 나만의 키워드	빅데이터	미래 예측	**맞춤형 서비스**	...

위 참고 예시는 사례의 학생이 1년간 진행했던 교내 활동 중 동아리 활동을 떠올리며, 활동을 통해 학습한 내용을 나만의 키워드로 정리한 예시입니다. 학생은 동아리 활동을 진행하면서 평소 호기심을 가지고 있던 '빅데이터의 전망'에 관해서 탐구했었습니다.

관심 분야인 빅데이터가 미래에 활용될 분야와 범위를 알게 된 인상 깊었던 활동이었던 만큼 당시에 작성했던 내용이 담긴 보고서를 살펴보며 키워드를 정리하고자 하였습니다. 그리고 미래 예측, 맞춤형 서비스 등 빅데이터 미래 활용 분야에 대한 키워드들을 찾아 정리할 수 있었습니다.

2. 앞에서 정리한 '나만의 키워드'를 아래의 표에 있는 '도구 키워드'와 연결해봅시다.

맞춤형 주제를 도출하기 위한 '도구 키워드'

학습 · 개발 · 실행 방법	**문제 · 원인 · 방안**	영향	해외사례 비교
정의와 유형	미래 전망	AI, 4차 산업 혁명과의 관계	특징과 사례 · 적용
수업시간 학습 · 탐구한개념	관련 이론 · 원 리	관련 작품 (영화, 드라마 등)	관련 전문가 의견
관련 시사	관련 실험	관련 법 · 정책 · 제도	관련 도서
하위 학문 (분야)	유사한 개념과 유형	유사한 대상과의 비교	트렌드

사례 속 학생은 정리해두었던 경험 관련 나만의 키워드 중에 가장 관심 생기는 분야를 고민했고, '맞춤형 서비스'라는 키워드를 선정했습니다. 그리고 동아리 활동에서 빅데이터의 전망을 탐구할 때 알아보지 못했던 도구 키워드를 선정하고자 했습니다. 이에 당시에는 맞춤형 서비스의 장점만을 확인할 수 있었던 경험을 떠올려, 맞춤형 서비스의 '문제·원인·방안'에 호기심을 갖게 되었습니다. 이에 두 키워드를 연결하였습니다.

참고 예시

1) 나만의 키워드 선택	맞춤형 서비스
2) 도구 키워드 선택	문제·원인·방안
3) 연결	**맞춤형 서비스 문제, 원인, 해결방안**

3. 연결한 키워드를 검색해보며, 탐구주제를 구체화해봅시다.

1) 연결한 키워드 검색

학생은 키워드를 연결하여 '맞춤형 서비스 문제 원인 해결방안'을 인터넷에 검색했습니다.

참고 예시

연결한 키워드 검색	**[맞춤형 서비스 문제 원인 해결방안]** 검색

2) 검색 결과 검토

자료들을 훑어보며 맞춤형 서비스의 문제 중 하나인 '필터 버블' 문제를 알게 되었고 특히 '유튜브 필터 버블'이 문제가 되고 있다는 시사 문제를 접하며 더욱 흥미를 느끼게 되었습니다.

참고 예시

검색 결과 검토	맞춤형 서비스 문제로 '필터 버블' 문제에 대해 접하고, 유튜브 필터 버블 사례 확인.

3) 탐구주제 구체화

이에 학생은 이러한 문제를 더욱 구체적으로 탐구해보고 싶다는 마음으로 자료를 찾아보면서 '빅데이터 맞춤형 서비스와 유튜브 필터 버블'을 주제로 확정할 수 있었습니다.

참고 예시

탐구주제로 구체화	**[빅데이터 맞춤형 서비스와 유튜브 필터 버블 문제]**를 주제로 탐구

이렇게 가상의 학생은 활동 경험을 통해 도출한 나만의 키워드를 활용해 빅데이터에 관한 관심을 지속하면서도 '관련된 시사 문제'까지 자신의 지식을 넓힐 수 있었습니다. 우리도 사례 속 학생처럼 이제까지 진행해온 활동들을 돌아보며 가장 관심 있는 분야의 키워드들을 선정해 지식을 더욱 확장해봅시다.

※ 참고 예시를 하나 더 읽어보며 이해해봅시다.

이번 참고 예시는 사례 속 학생이 진로활동 시간에 '그래프 탐색 알고리즘이란?'을 주제로 탐구한 활동에서 나만의 키워드를 도출하여 새로운 탐구활동으로 다시 연결한 예시입니다.

학생은 탐구 결과물을 살펴보며 키워드를 나열해보던 중 막상 탐구 활동에서 주로 다루었던 '그래프'라는 단어에 관해서 잘 모르고 있다는 것을 떠올리게 되었고, 관련 내용을 더 찾아보고자 경험 관련 나만의 키워드로 선택했습니다.

참고 예시 2

1) 활동 경험	진로활동 : **[그래프 탐색 알고리즘이란?]**을 주제로 탐구			
2) 나만의 키워드	알고리즘	**그래프**	코드	…
3)나만의 키워드 선택	그래프			

또한, 도구 키워드를 살펴보며 그래프와 관련된 이론과 원리를 학습해 그래프에 관하여 더욱 이해를 넓혀보고자 '관련 이론·원리'를 선택하였습니다.

맞춤형 주제를 도출하기 위한 '도구 키워드'

학습·개발 ·실행 방법	문제·원인 ·방안	영향	해외사례 비교
정의와 유형	미래 전망	AI, 4차 산업 혁명과의 관계	특징과 사례·적용
수업시간 학습·탐구한개념	**관련 이론 ·원리**	관련 작품 (영화, 드라마 등)	관련 전문가 의견
관련 시사	관련 실험	관련 법· 정책·제도	관련 도서
하위 학문 (분야)	유사한 개념과 유형	유사한 대상과의 비교	트렌드

그리고 두 키워드를 연결하여 '그래프 관련 이론, 원리'라는 연결된 키워드를 도출하였습니다.

참고 예시 2

1) 나만의 키워드 선택	그래프
2) 도구 키워드 선택	관련 이론·원리
3) 연결	**그래프 관련 이론 원리**

이후 두 키워드를 연결한 '그래프 관련 이론 원리'라는 키워드를 활용하여 그래프 이론이 수학 이론 중 하나이며, 이러한 그래프 이론이 사회 곳곳에서 활용되고 있다는 것을 확인할 수 있었습니다.

참고 예시 2

연결한 키워드 검색	**[그래프 관련 이론 원리]** 검색
검색 결과 검토	수학 이론 중 하나인 **'그래프 이론'**에 관하여 접하여 정의와 기초 개념, 활용 분야 등을 확인.

이를 확인하며 그래프 이론이 사회에서 활용되는 범위를 구체적으로 알아보고 싶다는 호기심으로 '그래프 이론과 활용 분야'를 탐구주제로 선정하게 되었습니다.

참고 예시 2

탐구주제로 구체화	**[그래프 이론과 활용 분야]**를 주제로 탐구

이번에는 응용소프트웨어 개발자를 꿈꾸는 학생이 선정한 두 가지 탐구주제를 통해, 경험 관련 키워드를 도출하고 이를 활용해 주제를 선정하는 방법에 대해 알아보았습니다. 이제 다음 장에서는 마지막 세

번째 카테고리인 '이전 학년'을 통해 나만의 키워드를 도출하는 방법을 알아보겠습니다.

나만의 키워드 3. 이전 학년

드디어 나만의 키워드 마지막 카테고리인 '이전 학년'입니다. '전(前) 학년' 학교생활기록부에 기재된 활동 경험을 바탕으로 키워드를 도출하여 학년이 바뀜에도 관심사가 이어지고 확장되는 모습을 통해 '스스로 성장하기 위해 노력한 모습'을 강조하는 방법입니다.

또한 이전 학년의 키워드를 활용함으로써 과거에 경험했던 활동을 연결하여 활동 범위를 더욱 확장하거나 부족했던 분야를 다시 구체적으로 탐구하는 등, '단점을 보완하고 지식을 넓히려 노력하는 활동'으로 끊임없이 발전하기 위해 도전하는 열정을 보여줄 수 있습니다.

1. '이전 학년'에 기재된 활동 경험을 떠올려 나만의 키워드로 정리해봅시다.

특히 시간, 수단, 분량 등의 제한으로 아쉬움이 남았던 주제, 탐구 과정에 추가로 호기심이 생긴 주제 등 '보충하고 싶은 주제'가 있다면 꼭 다시 살펴보고 경험했던 내용을 키워드로 정리해봅시다. 해당 키워드들을 연결하는 활동을 통해 '어려움을 극복하려 노력한 경험, 지적 호기심' 등 다양한 측면의 역량을 함께 보여줄 수 있습니다.

이전 학년 경험을 통해 도출한
'나만의 키워드' 참고 예시

1) 이전 학년에 기재된 주제	**2학년 : [빅데이터 맞춤형 서비스와 유튜브 필터 버블 문제]** 를 주제로 탐구			
2) 나만의 키워드	빅데이터	맞춤형 서비스	**유튜브 알고리즘**	...

위 참고 예시는 사례의 학생이 3학년에 올라 2학년에 진행했던 활동을 떠올리며 학년 관련 나만의 키워드를 정리한 예시입니다. 학생은 학교생활기록부 기재사항 속 활동들을 훑어보다가 본인의 관심 분야와 관련이 깊었던 '빅데이터 맞춤형 서비스와 유튜브 필터 버블 문제' 주제의 2학년 활동에 주목하였습니다. 그리고 탐구활동 결과물을 살펴보며 빅데이터, 맞춤형 서비스, 유튜브 알고리즘 등의 키워드들을 정리했습니다.

2. 앞에서 정리한 '나만의 키워드'를 아래의 표에 있는 '도구 키워드'와 연결해봅시다.

맞춤형 주제를 도출하기 위한 '도구 키워드'

학습 · 개발 · 실행 방법	문제 · 원인 · 방안	영향	해외사례 비교
정의와 유형	미래 전망	AI, 4차 산업 혁명과의 관계	특징과 사례 · 적용
수업시간 학습 · 탐구한개념	**관련 이론 · 원리**	관련 작품 (영화, 드라마 등)	관련 전문가 의견
관련 시사	관련 실험	관련 법 · 정책 · 제도	관련 도서
하위 학문 (분야)	유사한 개념과 유형	유사한 대상과의 비교	트렌드

참고 예시

1) 나만의 키워드 선택	유튜브 알고리즘
2) 도구 키워드 선택	관련 이론 · 원리
3) 연결	유튜브 알고리즘 관련 이론 · 원리

사례의 학생은 정리한 나만의 키워드 중에 스스로 가장 관심 생기는 키워드를 고민했고, 활동 중 자세히 다루지는 않았던 '유튜브 알고리즘'이라는 키워드를 선정했습니다. 그리고 도구 키워드를 훑어보며, 맞춤형 서비스 제공으로 인해 필터 버블 문제가 생길 수 있다는 문제점은 자세히 탐구했었지만, 막상 맞춤형 서비스를 제공하고 있는 유튜브 알고리즘의 '원리'에 대해서는 알아보지 못했던 것이 떠올라 '관련 이론·원리'를 도구 키워드로 선택했습니다.

3. 연결한 키워드를 검색해보며, 탐구주제를 구체화해봅시다.

1) 연결한 키워드 검색

사례의 학생은 과거 경험 키워드와 도구 키워드를 연결하여 '유튜브 알고리즘 관련 이론 원리'를 검색했습니다.

참고 예시

연결한 키워드 검색	**[유튜브 알고리즘 관련 이론 원리]**, 검색

2) 검색 결과 검토

자료들을 훑어보며 유튜브 알고리즘 중 동영상 추천 원리를 설명하는 다수의 글을 접할 수 있었고 협업 필터링, 콘텐츠 기반 필터링 등 기존에는 모르고 있던 알고리즘에 대한 정보들도 확인할 수 있었습니다.

참고 예시

검색 결과 검토	동영상 추천 원리에 대한 내용 접함. '협업 필터링, 콘텐츠 기반 필터링' 등 추천 알고리즘을 알게 됨.

3) 탐구주제 구체화

이에 학생은 관심 분야에 대한 새로운 지식에 호기심을 느껴 더욱 구체적으로 알아보고자 '유튜브 동영상 추천 알고리즘의 원리'를 탐구주제로 선정하였습니다.

참고 예시

탐구주제로 구체화	**[유튜브 동영상 추천 알고리즘의 원리]**을 주제로 탐구

이렇게 사례 속 학생은 학년 관련 나만의 키워드를 이용한 주제 선정을 통해 2학년, 3학년 교내 활동들을 연결하며, 관심 분야였던 빅데이터에 관한 호기심을 지속하여 키우면서도 지식을 더욱 확장할 수 있었습니다. 이제 우리도, 학교생활기록부를 보면서 이전 학년 활동에서 더욱 발전시키고 싶은 활동을 찾아봅시다. 그리고 학년 관련 나만의 키워드를 정리해 도구 키워드와 연결해보면서 우리만의 탐구주제로 만들어봅시다.

※ 참고 예시를 하나 더 읽어보며 이해해봅시다.

이번 참고 예시 속 학생은 2학년 학교생활기록부 기재사항의 활동을 훑어보다가 사례 조사로 그쳐 아쉬움이 남았던 '그래프 이론과 활용

분야' 주제의 활동에 주목했습니다. 과거 탐구활동 결과물을 살펴보며 그래프, 알고리즘, 자율주행 등 과거 경험 키워드를 나열했으며, 이 중 '자율주행'이라는 키워드에 호기심을 가졌습니다.

참고 예시 2

1) 전 학년에 기재된 주제	**2학년 : [그래프 이론과 활용 분야]**를 주제로 탐구			
2) 나만의 키워드	그래프	알고리즘	**자율주행**	…

그리고 자율주행 기술에 대한 전반적인 지식을 알아보고 싶은 마음으로 도구 키워드 중 '관련 도서'를 선택하였습니다.

맞춤형 주제를 도출하기 위한 '도구 키워드'

학습·개발 ·실행 방법	문제·원인 ·방안	영향	해외사례 비교
정의와 유형	미래 전망	AI, 4차 산업 혁명과의 관계	특징과 사례·적용
수업시간 학습·탐구한 개념	관련 이론 ·원리	관련 작품 (영화, 드라마 등)	관련 전문가 의견
관련 시사	관련 실험	관련 법· 정책·제도	**관련 도서**
하위 학문 (분야)	유사한 개념과 유형	유사한 대상과의 비교	트렌드

그리고 두 키워드를 연결하여 '자율주행 관련 도서'라는 연결된 키워드를 도출하였습니다.

참고 예시 2

1) 나만의 키워드 선택	자율주행
2) 도구 키워드 선택	관련 도서
3) 연결	**자율주행 관련 도서**

두 키워드를 연결해 '자율주행 관련 도서'를 검색하였고 학생은 'AI 인공지능 자율주행 자동차'라는 도서를 접할 수 있었습니다. 이에 도서의 목차와 줄거리를 확인해보니, 딥러닝 자율주행 자동차에 관한 기본적인 설명과 간단한 키트로 직접 제작할 방법을 가르쳐주는 도서임을 알게 되었습니다.

참고 예시 2

연결한 키워드 검색	**[자율주행 관련 도서]** 검색
검색 결과 검토	'AI 인공지능 자율주행 자동차 (장문철)' 확인

학생은 직접 제작까지 해볼 수 있다는 데 흥미를 느끼고 '딥러닝 자율주행 자동차 원리 탐구 및 제작'을 주제로 선정하였습니다.

참고 예시 2

탐구주제로 구체화	**[딥러닝 자율주행 자동차 원리 탐구 및 제작]** 을 주제로 탐구 및 활동 진행

　마지막으로 응용소프트웨어 개발자를 꿈꾸는 학생이 선정한 두 가지 탐구주제를 통해, 학년 관련 나만의 키워드를 활용해 학년을 연결한 주제 선정 방법에 대해 알아보았습니다. 이제 다음 장부터는 '임상심리사' 진로를 희망하는 학생의 사례를 통해 나만의 키워드를 도출하고 주제로 구체화하는 방법을 복습해보겠습니다.

　※ 이번에는 '임상심리사'라는 직업을 '희망 진로'로 생각하는 가상
　　의 학생을 예로 나만의 키워드를 하나씩 복습해보겠습니다.

　* 임상심리사는 정신병리를 연구·진단·치료하는 심리학과 관련
　　직업입니다.

나만의 키워드 1. 전공, 진로

1. 나만의 키워드 정리하기

'전공 진로를 활용해 도출한 나만의 키워드 정리'
참고 예시

소비자 및 광고 심리학	인지심리학	임상심리학	산업 및 조직심리학	...
정서적 고갈	마음 챙김	PTSD	정신건강 서비스	...
분석적 사고능력	의사소통 능력	공감능력	인내심	...
심리치료	심리검사	정신건강 평가 및 진단	상담 프로그램 및 자문	...

임상심리사를 희망하는 학생은 먼저 전공, 진로에 관하여 탐색했습니다. 그리고 '주요 교과목(세부 전공)', '연구 분야', '필요한 기술 및 지식', '하는 일'에 관해서 조사한 결과를 나만의 키워드로 정리하였습니다.

2. 앞에서 정리한 '나만의 키워드'를 아래의 표에 있는 '도구 키워드'와 연결해봅시다.

맞춤형 주제를 도출하기 위한 '도구 키워드'

학습 · 개발 · 실행 방법	문제 · 원인 · 방안	영향	해외사례 비교
정의와 유형	미래 전망	AI, 4차 산업 혁명과의 관계	특징과 사례 · 적용
수업시간 학습 · 탐구한 개념	관련 이론 · 원리	관련 작품 (영화, 드라마 등)	관련 전문가 의견
관련 시사	관련 실험	관련 법 · 정책 · 제도	관련 도서
하위 학문 (분야)	유사한 개념과 유형	유사한 대상과의 비교	트렌드

참고 예시

1) 나만의 키워드 선택	심리치료
2) 도구 키워드 선택	정의와 유형
3) 연결	**심리치료의 정의와 유형**

학생은 정리해둔 키워드를 훑어보다가 임상심리사가 하는 일에 대해 알아보고 싶다는 호기심으로 '심리치료'라는 키워드를 이번 탐구활동의 나만의 키워드로 선정하였습니다. 다음으로 도구 키워드를 훑어보며 심리치료와 관련하여 기본적인 지식부터 쌓아보자는 마음으로 '정의와 유형' 키워드를 선택해 전공 진로 키워드와 연결하였습니다.

3. 연결한 키워드를 검색해보며, 탐구주제를 구체화해보기

1) 연결한 키워드 검색

학생은 전공 진로 키워드와 도구 키워드를 연결한 '심리치료의 정의와 유형'을 검색했습니다.

참고 예시

연결한 키워드 검색	**[심리치료 정의와 유형]** 검색

2) 검색 결과 검토

검색 결과로 나타난 자료들을 훑어보며 심리치료와 관련된 다양한 이론이 있으며, 이론별 치료법이 따로 존재함을 알게 되어 이러한 사실들에 흥미를 느끼게 되었습니다.

참고 예시

검색 결과 검토	심리치료에 존재하는 다양한 **이론**과 이론별 **치료법**이 있음을 확인

3) 탐구주제 구체화

그래서 학생은 본격적으로 탐구하고자 자료들을 살펴보며 '심리치료 유형과 이론'을 주제로 확정할 수 있었습니다.

참고 예시

탐구주제로 구체화	**[심리치료 유형과 이론]**을 주제로 탐구

※ 참고 예시를 하나 더 읽어보며 이해해봅시다.

이번 참고 예시는 임상심리사 진로를 희망하는 학생이 전공 진로 키워드 중 '공감 능력'을 선정해 또 다른 탐구주제를 만든 사례입니다.

'전공 진로를 활용해 도출한 나만의 키워드 정리'
참고 예시

소비자 및 광고 심리학	인지심리학	임상심리학	산업 및 조직심리학	...
정서적 고갈	마음 챙김	PTSD	정신건강 서비스	...
분석적 사고능력	의사소통 능력	**공감능력**	인내심	...
심리치료	심리검사	정신건강 평가 및 진단	상담 프로그램 및 자문	...

학생은 임상심리사의 적성 중 하나인 공감 능력과 관련하여 이해하고 기르고 싶다는 생각을 가지게 되었고, 도구 키워드 중 '관련 도서'를 선정했습니다.

맞춤형 주제를 도출하기 위한 '도구 키워드'

학습·개발 ·실행 방법	문제·원인 ·방안	영향	해외사례 비교
정의와 유형	미래 전망	AI, 4차 산업 혁명과의 관계	특징과 사례·적용
수업시간 학습·탐구한개념	관련 이론 ·원리	관련 작품 (영화, 드라마 등)	관련 전문가 의견
관련 시사	관련 실험	관련 법· 정책·제도	**관련 도서**
하위 학문 (분야)	유사한 개념과 유형	유사한 대상과의 비교	트렌드

그리고 두 키워드를 연결하여 '공감능력 도서'라는 연결된 키워드를 도출하였습니다.

참고 예시 2

1) 나만의 키워드 선택	공감능력
2) 도구 키워드 선택	관련 도서
3) 연결	**공감능력 도서**

이후 두 키워드를 연결해 '공감 능력 관련 도서'를 검색하였고 공감하는 능력이라는 도서를 찾을 수 있었습니다. 도서의 목차와 줄거리를 확인해보니, 공감 능력을 기르는 '습관'에 대한 도서임을 알게 되었습니다.

참고 예시 2

연결한 키워드 검색	[공감 능력 도서] 검색
검색 결과 검토	공감하는 능력(로먼 크르즈나릭) 도서 확인

공감하는 습관에 대해 스스로 도전해보고자 하는 마음으로 '공감하는 습관과 적용'을 탐구주제로 선정하게 되었습니다.

참고 예시 2

탐구주제로 구체화	**[공감하는 습관과 적용]**을 주제로 탐구

나만의 키워드 2. 활동 경험

1. 이제까지 진행해온 전반적인 교내 활동과 활동에 담긴 '활동 경험'을 떠올려 나만의 키워드로 정리하기.

'활동 경험에서 도출한 나만의 키워드' 정리 예시

1) 교내 활동	진로 탐색 활동 : **[심리치료 유형과 이론]**을 주제로 탐구			
2) 나만의 키워드	**인지 행동치료**	정신분석 치료	대인관계 치료	…

　위 참고 예시는 학생이 1년간 진행했던 교내 활동 중 진로 탐색 활동을 떠올리며, 활동을 통해 학습한 내용을 경험 키워드로 정리한 예시입니다. 학생은 진로 탐색 활동을 진행하면서 평소 호기심을 가지고 있던 '심리치료 유형과 이론'에 관해서 탐구했었습니다. 활동 당시에 작성했던 보고서를 살펴보며 보고서에서 다룬 심리치료의 종류인 인지행동치료, 정신분석치료, 대인관계 치료 등 키워드들을 찾아 정리할 수 있었습니다.

2. 앞에서 정리한 '나만의 키워드'를 아래의 표에 있는 '도구 키워드'와 연결해봅시다.

맞춤형 주제를 도출하기 위한 '도구 키워드'

학습·개발 ·실행 방법	문제·원인 ·방안	영향	해외사례 비교
정의와 유형	미래 전망	AI, 4차 산업 혁명과의 관계	**특징과 사례·적용**
수업시간 학습·탐구한개념	관련 이론 ·원리	관련 작품 (영화, 드라마 등)	관련 전문가 의견
관련 시사	관련 실험	관련 법· 정책·제도	관련 도서
하위 학문 (분야)	유사한 개념과 유형	유사한 대상과의 비교	트렌드

참고 예시

1) 나만의 키워드 선택	인지행동치료
2) 도구 키워드 선택	특징과 사례·적용
3) 연결	**인지행동치료의 특징과 사례·적용**

사례의 학생은 정리해두었던 나만의 키워드 중에 스스로 가장 관심 생기는 분야를 고민했고, '인지행동치료'라는 키워드를 선정했습니다. 그리고 진로 탐색 활동에서 심리치료 유형과 이론을 탐구할 때 구체적으로 탐구해보지 못했던 도구 키워드를 선정하고자 했습니다. 이에 당시에는 인지행동치료의 기본 개념만 조사했었던 경험을 떠올려, 이번에는 실제 적용에 대해 호기심을 가지고 '특징과 사례·적용'을 키워드로 선택하였습니다.

3. 연결한 키워드를 검색해보며, 탐구주제를 구체화하기.

1) 연결한 키워드 검색

학생은 키워드를 연결하여 '인지행동치료 특징 사례 적용'을 인터넷에 검색했습니다.

참고 예시

연결한 키워드 검색	**[인지행동치료 특징 사례 적용]** 검색

2) 검색 결과 검토

자료들을 훑어보며 인지행동치료의 장점과 효과 등 특징에 대해 알수 있었습니다. 또한, 공황장애라는 정신질환을 치료할 때 적용한다는 사실을 확인하게 되었습니다.

참고 예시

검색 결과 검토	'인지행동치료의 특징'과 '공황장애에 인지행동치료를 적용'할 수 있다는 사실을 확인

3) 탐구주제 구체화

이를 구체적으로 탐구하여 인지행동치료의 실질적인 방법을 배워보고자 '공황장애와 인지행동치료의 적용'을 주제로 확정했습니다.

참고 예시

탐구주제로 구체화	**[공황장애와 인지행동치료의 적용]**을 주제로 탐구

※ 참고 예시를 하나 더 읽어보며 이해해봅시다.

이번 참고 예시는 사례 속 학생이 진로활동 시간에 '공감하는 습관과 적용'을 주제로 탐구한 후 활동 속 경험 키워드를 도출하여 새로운 탐구활동으로 다시 연결한 예시입니다.

학생은 탐구 결과물을 살펴보며 공감하는 습관에는 공감 대화 방법이 중요한 요소 중 하나였다는 데 주목했습니다. 그래서 공감 대화 방법에 관심을 가지고 다른 분야의 정보도 찾아보고자 경험 키워드로 선택했습니다.

참고 예시 2

1) 활동 경험	진로활동 : **[공감하는 습관과 적용]**을 주제로 탐구			
2) 나만의 키워드	공감 능력	**공감 대화**	공감 주의자	…

이후 도구 키워드를 살펴보다가 공감 대화 방법이 미래사회에서는 어떠한 양상을 보일지 궁금하여 'AI, 4차 산업혁명과의 관계'를 키워드로 선택하였습니다.

맞춤형 주제를 도출하기 위한 '도구 키워드'

학습 · 개발 · 실행 방법	문제 · 원인 · 방안	영향	해외사례 비교
정의와 유형	미래 전망	**AI, 4차 산업 혁명과의 관계**	특징과 사례 · 적용
수업시간 학습 · 탐구한개념	관련 이론 · 원리	관련 작품 (영화, 드라마 등)	관련 전문가 의견
관련 시사	관련 실험	관련 법 · 정책 · 제도	관련 도서
하위 학문 (분야)	유사한 개념과 유형	유사한 대상과의 비교	트렌드

그리고 두 키워드를 연결하여 '공감 대회와 AI, 4차 산업혁명'이라는 연결된 키워드를 도출하였습니다.

참고 예시 2

1) 나만의 키워드 선택	공감 대화
2) 도구 키워드 선택	AI, 4차 산업혁명과의 관계
3) 연결	**공감 대화와 AI, 4차 산업혁명**

이후 두 키워드를 연결해 '공감 대화 AI, 공감 대화 4차 산업혁명'을 검색하였고 실제로 AI에 공감 대화 방법을 학습시켜서 예술작품으로 만든 사례를 알 수 있었고 4차 산업 혁명 시대에서는 공감 능력이 더욱 중요해질 수 있다는 전문가 의견도 확인할 수 있었습니다.

참고 예시 2

연결한 키워드 검색	**[공감 대화 AI], [공감 대화 4차 산업혁명]** 검색
검색 결과 검토	'공감 대화 가능한 AI 로봇 작품 사례, 4차 산업혁명 시대 공감 능력의 중요성' 확인

이에 학생은 공감 능력, 공감 대화가 앞으로도 중요하다는 점, 인공지능 또한 공감 능력을 학습할 가능성이 있다는 점에 호기심이 생겨

'공감 대화와 4차 산업혁명, 공감하는 AI 로봇'을 탐구활동의 주제로
선정하였습니다.

참고 예시 2

탐구주제로 구체화	**[공감 대화와 4차 산업혁명, 공감하는 AI 로봇]**을 주제로 탐구

나만의 키워드 3. 이전 학년

1. '이전 학년'에 기재된 활동 경험을 떠올려 나만의 키워드로 정리하기.

이전 학년 경험을 통해 도출한 '나만의 키워드' 참고 예시

1) 이전 학년에 기재된 주제	2학년 : [공황장애와 인지행동치료의 적용]을 주제로 탐구		
2) 나만의 키워드	**공황 장애**	인지행동 치료 특징	인지행동 치료 적용 과정	…

　사례의 학생은 3학년에 올라 2학년에 진행했던 활동을 떠올리며 학년 관련 나만의 키워드를 정리했습니다. 학생은 학교생활기록부 기재사항을 훑어보다가 본인의 관심 분야와 관련이 깊었던 '공황장애와 인지행동치료의 적용' 주제의 2학년 활동에 주목했습니다. 그리고 탐구 활동 결과물을 살펴보며 공황장애, 인지행동치료 특징, 인지행동치료 적용 과정 등 키워드들을 정리했습니다.

　예시 속 학생은 정리해둔 나만의 키워드 중에 탐구활동 중 자세히 다루지 못했던 '공황장애'에 관하여 더 알아보고자 '공황장애'를 키워드로 선택했습니다.

2. 앞에서 정리한 '나만의 키워드'를 아래의 표에 있는 '도구 키워드'와 연결해봅시다.

맞춤형 주제를 도출하기 위한 '도구 키워드'

학습 · 개발 · 실행 방법	문제 · 원인 · 방안	영향	해외사례 비교
정의와 유형	미래 전망	AI, 4차 산업 혁명과의 관계	특징과 사례 · 적용
수업시간 학습 · 탐구한개념	관련 이론 · 원리	**관련 작품 (영화, 드라마 등)**	관련 전문가 의견
관련 시사	관련 실험	관련 법 · 정책 · 제도	관련 도서
하위 학문 (분야)	유사한 개념과 유형	유사한 대상과의 비교	트렌드

참고 예시

1) 나만의 키워드 선택	공황장애
2) 도구 키워드 선택	관련 작품(영화, 드라마 등)
3) 연결	**공황장애 관련 작품(영화, 드라마 등)**

그리고 도구 키워드를 훑어보며, 공황장애를 앓게 되면 겪을 수 있는 증상이나 특징을 간접적으로나마 확인해보고 싶은 마음으로 '관련 작품(영화, 드라마 등)'을 키워드로 선택했습니다.

3. 연결한 키워드를 검색해보며, 탐구주제를 구체화하기.

1) 연결한 키워드 검색

학생은 과거 경험 키워드와 도구 키워드를 연결하여 '공황장애 작품, 공황장애 영화 드라마'를 검색했습니다.

참고 예시

연결한 키워드 검색	**[공황장애 작품], [공황장애 영화 드라마]** 검색

2) 검색 결과 검토

자료들을 훑어보며 '에널라이즈 디스', '여왕의 꽃' 등 다양한 작품에 공황장애를 앓고 있는 등장인물이 나타남을 알 수 있었습니다.

참고 예시

검색 결과 검토	'에널라이즈 디스' 영화, '여왕의 꽃' 드라마 등 **사례**를 확인

3) 탐구주제 구체화

이를 구체적으로 탐구하여 인지행동치료의 실질적인 방법을 배워보고자 '공황장애와 인지행동치료의 적용'을 주제로 확정했습니다.

참고 예시

탐구주제로 구체화	**[영화 속 공황장애 분석, 인지행동치료를 중심으로]**를 주제로 탐구

※ 참고 예시를 하나 더 읽어보며 이해해봅시다.

이번 참고 예시는 사례 속 학생이 2학년 학교생활기록부 기재사항의 활동을 훑어보다가 공감 능력의 장점과 적용 방법만 탐구했던 데 그쳐 아쉬움이 남았던 '공감하는 습관과 적용' 주제의 탐구활동과 새로운 활동 주제를 연결한 예시입니다. 과거 탐구활동 결과물을 살펴보며 공감 능력, 공감 대화, 공감 주의자 등 나만의 키워드를 나열했으며, 이 중 '공감 능력'이라는 키워드를 다시 탐구하고자 했습니다.

참고 예시 2

1) 전 학년에 기재된 주제	**2학년 : [공감하는 습관과 적용]**을 주제로 탐구		
2) 나만의 키워드	**공감 능력**	공감 대화	공감 주의자 ···

그리고 이번에는 문제점에 관하여 알아보고 싶은 마음으로 도구 키워드 중 '문제·원인·방안'을 선택하였습니다.

맞춤형 주제를 도출하기 위한 '도구 키워드'

학습·개발 ·실행 방법	**문제·원인 ·방안**	영향	해외사례 비교
정의와 유형	미래 전망	AI, 4차 산업 혁명과의 관계	특징과 사례·적용
수업시간 학습·탐구한개념	관련 이론 ·원리	관련 작품 (영화, 드라마 등)	관련 전문가 의견
관련 시사	관련 실험	관련 법· 정책·제도	관련 도서
하위 학문 (분야)	유사한 개념과 유형	유사한 대상과의 비교	트렌드

그리고 두 키워드를 연결하여 '공감 능력 문제 원인과 방안'이라는 연결된 키워드를 도출하였습니다.

참고 예시 2

1) 나만의 키워드 선택	공감 능력
2) 도구 키워드 선택	문제·원인·방안
3) 연결	**[공감 능력 문제 원인 방안]**

두 키워드를 연결해 '공감능력 문제 원인 방안'을 검색하였고 학생은 공감 능력이 부족한 것과 관련 있는 정신질환인 '아스퍼거 증후군'과 공감 능력이 과도한 것과 관련 있는 '과공감 증후군'에 관한 자료들을 접할 수 있었습니다.

참고 예시 2

연결한 키워드 검색	**[공감 능력 문제 원인 방안]** 검색
검색 결과 검토	공감 능력이 부족한 '아스퍼거 증후군', 공감 능력이 과한 '과공감 증후군' 문제 확인.

이에 학생은 새로 알게 된 전공 관련 정보에 흥미를 느끼고 '공감 능력과 과소, 과잉 문제'를 주제로 선정하였습니다. 이에 학생은 새로 알게 된 전공 관련 정보에 흥미를 느끼고 '공감 능력과 과소, 과잉 문제'를 주제로 선정하였습니다.

참고 예시 2

탐구주제로 구체화	**[공감 능력과 과소, 과잉 문제]**를 주제로 탐구

주제를 선정하는 나만의 키워드에 관하여 두 명의 학생 사례를 통해 알아보았습니다. 세 가지 카테고리를 활용해 나만의 키워드를 선정하

고 이를 활용해 주제를 선정하는 벙법, 이제 어느 정도 익숙해지셨을까요?

다음 장에서는 지금까지 배워온 '자유주제 탐구활동'이 아닌 '조건'이 있는 상황에서 탐구활동을 진행하는 방법에 대해서 알아보겠습니다.

02

조건이 있을 땐 어떻게?

조건이 있는 탐구활동이란?

잘 아시겠지만, 교과 활동을 진행하다 보면 자유롭게 활동을 선정할
수 있는 때도 있지만, 선정할 수 있는 범위가 한정되는 조건이 부여될
때도 있습니다. 크게 두 가지 상황이 있으며, 첫 번째는 '교과목과 관
련된 주제'와 같이 비교적 포괄적인 범위가 주어지는 조건, 두 번째는
'단원, 소재, 지문 등과 연계한 주제'와 같이 비교적 한정적인 범위가

주어지는 조건이 부여되는 상황입니다.

예를 들면, 첫 번째 상황은 주로 '수학 시간에 배운 내용과 관련된 주제 자유롭게 선정해서 결과물을 제출하세요'와 같이 제시되며, 많은 탐구활동이 이처럼 제시되곤 합니다. 그리고 두 번째 상황은 '교과서 혹은 부교재에 있는 지문과 관련해 탐구활동을 진행하고 결과물을 제출하세요.', '2단원에서 배운 내용과 관련된 탐구활동을 진행하고 결과물을 제출하세요.'와 같이 한정된 범위가 제시되는 상황을 의미합니다.

이렇게 조건이 부여되었을 때는 어떻게 대처해야 할까요? 그 방법은 손쉽게 세 가지 방법으로 해결 가능합니다. 하나씩 함께 알아봅시다.

Solution 1. 나만의 키워드를 활용하자!

첫 번째 해결책은 앞서 배운 '나만의 키워드'를 활용하는 방법입니다. 주어진 '조건'에 포함되는 나만의 키워드를 활용하거나, '조건' 자체를 키워드화 하여 나만의 키워드와 연계하는 두 가지 방법에 대해 알아보겠습니다.

1) 조건에 포함된 나만의 키워드를 활용하라.

나만의 키워드를 활용하는 첫 번째 방법은 조건에 포함되는 나만의 키워드를 활용하는 방법입니다. 조건에 포함되는 나만의 키워드만 선정할 수 있다면 앞에서 배운 주제 선정 과정을 그대로 접목할 수 있습니다.

응용소프트웨어 개발자를 희망하는 가상의 학생 예시를 통해 구체적으로 방법을 알아보겠습니다.

주어진 교과 활동 상황

[영어 I 시간]
학습한 지문 중 하나를 선택하여
지문과 관련된 주제를 선정해야 하는 상황.

예시 속 학생은 '영어 I' 시간에 학습한 지문 중 하나를 선택하여 지문과 관련된 주제를 선정해야 하는 상황이었습니다.

우선 나만의 키워드 중 탐구활동 조건인 학습한 지문 내용에 부합하는 키워드가 없을지 검토하다 보니, 지문 중 인공지능의 미래에 대한 지문이 있어 나만의 키워드의 인공지능을 선택하게 되었습니다.

A. 조건에 부합하는 나만의 키워드 선정하기
 · 인공지능

'전공 진로를 활용해 도출한 나만의 키워드 정리' 참고 예시

프로그래밍 언어	네트워크	디지털 공학	알고리즘	…
사물 인터넷	**인공지능**	빅데이터	블록체인	…
프로그래밍	소프트웨어 공학	운영체제	자료구조	…
정보보호	소프트웨어 설계	소프트웨어 개발·보수	소프트웨어 최적화	…

 이후 나만의 키워드와 연결 지을 도구 키워드를 검토하였고 인공지능 관련 시사에 대해 알아보고 싶다는 호기심으로 '관련 시사' 키워드를 선택해 나만의 키워드와 연결하였습니다.

B. 나만의 키워드를 도구 키워드와 연결하기
· 인공지능 관련 시사

맞춤형 주제를 도출하기 위한 '도구 키워드'

학습 · 개발 · 실행 방법	문제 · 원인 · 방안	영향	해외사례 비교
정의와 유형	미래 전망	AI, 4차 산업 혁명과의 관계	특징과 사례 · 적용
수업시간 학습 · 탐구한 개념	관련 이론 · 원리	관련 작품 (영화, 드라마 등)	관련 전문가 의견
관련 시사	관련 실험	관련 법 · 정책 · 제도	관련 도서
하위 학문 (분야)	유사한 개념과 유형	유사한 대상과의 비교	트렌드

가상의 학생은 두 키워드를 연결한 '인공지능 관련 시사'를 검색하였고 범죄를 잡는 최첨단 AI 기술에 관한 기사와 칼럼을 접할 수 있었습니다.

C. '연결한 키워드' 검색 및 검색 결과 검토
- 인공지능 관련 시사 검색
- 범죄를 잡는 최첨단 AI 기술 개발 소식을 확인함.

이러한 기사와 칼럼을 통해 범죄 분야에서 활용되는 AI 기술을 접목하는 방식과 현재 개발 현황에 호기심이 생겨, '범죄 분야의 AI 접목과 개발 현황'을 탐구주제로 구체화할 수 있었습니다

D. 주제 구체화하기
- 범죄 분야의 AI 접목과 개발 현황

이렇듯 조건에 포함된 나만의 키워드를 선정하여 활용하는 방법은 나만의 키워드를 조건에 맞게 선정하는 것을 제외하면, 앞에서 여러 번 반복하며 학습한 자유주제 탐구활동과 같은 방식으로 주제를 선정할 수 있습니다.

하지만 나만의 키워드가 언제나 조건에 포함되지는 않겠지요. 이제 다음 장에서는 조건에 포함되는 나만의 키워드를 선정하기 어려울 때, 조건을 키워드로 활용해 주제를 구체화하는 방법을 알아보겠습니다.

2) 조건을 키워드로 활용하라.

나만의 키워드를 활용하는 두 번째 방법은 주어진 '조건'을 키워드로 활용하는 방법입니다. 정리한 나만의 키워드들을 '조건'과 연결하면 손쉽게 주제를 도출할 수 있습니다.

응용소프트웨어 개발자를 희망하는 가상의 학생 예시를 통해 구체적으로 방법을 알아보겠습니다.

주어진 교과 활동 상황

[통합사회 시간]
저출산 문제, 고령화 문제 중 한 가지를 선택하여
해결 방법을 탐구하고 보고서를 작성해야 하는 상황.

우선 가상의 학생에게 주어진 조건은 고령화 또는 저출산 중 탐구해보고 싶은 내용을 선택해 해결책을 제시하는 것이었습니다. 두 가지 선택지 중 하나를 선택하는 상황이다 보니 학생은 고령화 사회의 해결 방법을 선택했습니다.

A. 조건 키워드 선정하기
- 고령화 해결 방법

이후 키워드로 선정한 '고령화 해결 방법'과 연결할 나만의 키워드를 검토하였고 지난 빅데이터 전망에 관한 탐구활동에서 알게 된 빅데이터의 다양한 활용사례가 떠올랐습니다. 이에 빅데이터를 활용해 고령화 해결 방법을 찾을 수 있지 않을까? 생각하며 빅데이터를 조건 키워드와 연결할 나만의 키워드로 선정하였습니다.

B. 나만의 키워드 선정하기
  • 빅데이터

'활동 경험에서 도출한 나만의 키워드' 정리 예시

1) 교내 활동	동아리 활동 : **[빅데이터의 전망]**을 주제로 탐구			
2) 나만의 키워드	**빅데이터**	미래 예측	맞춤형 서비스	…

이후 검색을 통해 관련 자료를 탐색했고 빅데이터를 활용해 노인 교육을 설계하기도 하고 정책을 세밀하게 수립하는 등 여러 대응책이 실행되고 있음을 알게 되었습니다.

C. '연결한 키워드' 검색 및 검색 결과 검토
- 빅데이터 고령화 해결책
- 검색 결과 : 빅데이터를 활용한 다양한 대응책이 실행되고 있음을
  확인함.

이렇게 살펴본 내용을 바탕으로 빅데이터를 활용한 고령화 문제의 다양한 해결 방법에 호기심이 생겨, 고령화 문제의 해결방안으로 '빅데이터를 활용한 다양한 고령화 대응책'으로 주제를 구체화할 수 있었습니다.

D. 주제 구체화하기
- 빅데이터를 활용한 다양한 고령화 대응책

다음으로 임상심리사를 희망하는 가상의 학생 예시를 통해 조건에 부합하는 나만의 키워드를 활용하는 방법과 조건 자체를 키워드로 활용하는 방법에 대해 한 번 더 복습해보겠습니다.

먼저 조건에 부합하는 나만의 키워드를 활용하는 예시부터 살펴봅시다!

주어진 교과 활동 상황

[화법과 작문 시간]
화법의 원리에 대해 배운 후
자신의 희망 진로에 필요한 의사 소통역량을
조사해 보고서를 작성해야 하는 상황

가상의 학생은 '화법과 작문' 시간에 자신의 희망 진로에 필요한 의사소통을 위해 길러야 할 역량에 대해 보고서를 작성해야 하는 상황이었습니다.

우선 가상의 학생은 탐구활동의 조건에 부합하는 나만의 키워드를 검토하였고 자신의 진로인 임상심리사에게는 상담 간 환자와의 원활한 의사소통을 위해 공감능력이 필요하다고 생각하여 '공감능력'을 키워드로 선택하였습니다.

A. 조건에 부합하는 나만의 키워드 선정하기
- 공감 능력

'전공 진로를 활용해 도출한 나만의 키워드 정리' 참고 예시

소비자 및 광고 심리학	인지심리학	임상심리학	산업 및 조직심리학	…
정서적 고갈	마음 챙김	PTSD	정신건강 서비스	…
분석적 사고능력	의사소통 능력	**공감능력**	인내심	…
심리치료	심리검사	정신건강 평가 및 진단	상담 프로그램 및 자문	…

이후 희망 진로에 필요한 공감 능력 개발 방법을 학습해보고자 '학습·개발·실행 방법'을 키워드로 선택해 다양한 공감능력 개발 방법을 탐구하고자 했습니다.

B. 나만의 키워드를 도구 키워드와 연결하기
 · 공감 능력 학습 · 개발 · 실행 방법

맞춤형 주제를 도출하기 위한 '도구 키워드'

학습 · 개발 · 실행 방법	문제 · 원인 · 방안	영향	해외사례 비교
정의와 유형	미래 전망	AI, 4차 산업 혁명과의 관계	특징과 사례 · 적용
수업시간 학습 · 탐구한개념	관련 이론 · 원리	관련 작품 (영화, 드라마 등)	관련 전문가 의견
관련 시사	관련 실험	관련 법 · 정책 · 제도	관련 도서
하위 학문 (분야)	유사한 개념과 유형	유사한 대상과의 비교	트렌드

이에 '공감 능력 개발 방법'을 검색하였습니다. 검색 결과 다양한 공감 능력 개발 방법 중 독서와 토론을 활용한 개발 방법을 확인할 수 있었습니다.

C. '연결한 키워드' 검색 및 검색 결과 검토
- 공감 능력 개발 방법
- 독서와 토론을 활용한 공감 능력 개발 방법을 확인함.

그리고 이 방법을 통해 공감능력을 개발해보고 싶다는 호기심이 생겨 '독서와 토론을 활용한 공감능력 개발 방법'을 탐구주제로 구체화할 수 있었습니다.

D. 주제 구체화하기
- 독서와 토론을 활용한 공감능력 개발 방법

자 조건에 부합하는 나만의 키워드를 활용하는 방법에 관해 사례를 통해 한 번 더 복습해보았습니다.

이제는 두 번째 방법인 조건을 키워드로 연결해 주제를 선정하는 방법을 임상심리사를 희망하는 가상의 학생 예시를 통해 복습해봅시다.

주어진 교과 활동 상황

[문학 시간]
문학 시간에 학습한 작품 중 하나를 선택하여
작품 속에 드러난 사회문제를 소개하고
이를 해결하는 방법을 보고서로 작성해야 하는 상황

가상의 학생은 문학 시간에 학습한 작품 중 흥미롭게 읽었던 '난장이가 쏘아올린 작은 공'을 선택하였습니다. 또한 주인공의 자살이 묘사된 장면에 심각성을 느끼고 작품 속에 드러난 사회문제로 자살이라는 키워드를 선정하였습니다.

A. 조건 키워드 선정하기
- 자살 (난장이가 쏘아올린 작은 공 작품의 가장 인상 깊었던 장면 중 키워드 도출)

다음으로 조건 키워드와 연결할 나만의 키워드를 검토하며 평소 관심 있던 인지행동치료를 통한 자살 치료에 궁금증이 생겨 '인지행동치료'를 키워드로 선택하였습니다.

B. 나만의 키워드 선정하기
- 인지행동치료

이렇게 선정한 두 키워드 연결해 검색해봄으로써 '자살'과 '인지행동치료 프로그램'에 관한 자료들을 확인할 수 있었습니다.

C. '연결한 키워드' 검색 및 검색 결과 검토
- 자살 인지행동치료
- 검색 결과 : 자살예방 인지행동치료 프로그램이 존재함을 알게 됨.

이후 작품 속 사회문제인 난장이의 자살에서도 인지행동 치료 프로그램이 적용될 수 있을 것으로 생각하였고, 이에 자살예방 인지행동치료 프로그램을 작품 속 난장이에게 적용해보는 방향으로 탐구주제를 구체화할 수 있었습니다.

D. 주제 구체화하기
- 난장이를 위한 자살예방 인지행동치료

지금까지 조건이 있는 상황에서 나만의 키워드를 활용해 주제를 구체화하는 방법에 대해 알아보았습니다. 다음 장에서는 나만의 키워드를 활용하기 어려운 경우, 활동 자체를 충실하게 진행하며 유의미한 포인트를 만드는 방법에 대해 알아보겠습니다.

Solution 2. 활동에 충실하자!

두 번째 해결책은 주제가 아니라 활동 자체에 집중하여 차별화 포인트를 만들어내는 방법입니다. 조건이 주어진 상황에 주제를 선정하다 보면, '조건이 너무 한정적이어서, 연결 가능한 키워드가 없어서, 키워드 검색이 불가능한 상황이어서' 등 모종의 이유로 앞에서 배운 방법들을 활용할 수 없는 상황이 생길 수 있습니다.

이러한 때에는 다소 일반적인 주제라도 편하게 떠오르는 것으로 정하되, 활동 자체를 다른 학생들과 차별화하여 진행하는 방법으로 손쉽게 유의미한 결과를 만들 수 있습니다. 다른 학생들이 진행하지 않는 새로운 방법으로 활동을 진행하며 같은 주제라도 나만의 독특한 활동으로 만들어 특색을 부여하는 것입니다.

자, 그렇다면 탐구활동에서 이러한 특색은 어떻게 부여해야 할까요? 지금부터 함께 알아봅시다.

우리는 지금부터 '활동 키워드'를 활용하여 활동에 특색을 부여하는 방법을 배워보겠습니다. 우선 '활동 키워드'가 무엇인지부터 알아야겠죠?

'활동 키워드'는 교내 활동을 진행하는 다양한 활동 방식을 모아 놓은 표로 다음과 같습니다.

활동 키워드

카드 뉴스	통계 포스터	인포그래픽	페입랩
기사	시(운문)	소설 · 에세이	서평
신문	UCC	소책자	가이드북
발명	캠페인	모의 수업	모의재판
실험	설문조사	인터뷰	정책 제안
노래	연극	코딩	사업계획서

이렇게 정리된 활동 키워드는

1) 활동 키워드 선택

2) 선택한 활동 방식으로 탐구활동 진행

의 두 가지 단계를 통해 탐구활동에 적용해볼 수 있습니다. 방법은 키워드 선택과 키워드에 따른 활동 진행으로 간단하지만, 활동을 다른 친구들과 다르게 진행함으로써

- **창의적 문제해결력**

라는 학생부종합전형 평가 요소를 강조할 수 있어 유의미합니다.

자, 지금까지 활동 키워드가 무엇이며, 어떻게 활용하는지 알아보았습니다. 지금부터는 예시를 통해 구체적으로 활동 키워드를 활용하는 방법에 대해 알아보겠습니다!

첫 번째 예시는 응용소프트웨어 개발자를 희망하는 가상의 학생 예시입니다.

주어진 교과 활동 상황

[생명과학 시간]
체세포 분열과 감수 분열에 관하여학습한 내용과
추가 조사한 내용을 정리해 발표해야 하는 상황.

가상의 학생에게 생명과학 시간 발표 과제가 주어졌으나, '체세포 분열과 감수 분열'에 관한 내용으로 주제가 한정되었습니다. 이에 키워드를 연결하는 등 다른 내용을 추가하기에는 어려워 다른 학생들과 똑같은 내용으로 탐구활동을 진행해야 하는 상황이 되었습니다.

이러한 상황 속에서 가상의 학생은 탐구활동 자체를 특색있는 방향으로 진행해보고자 했습니다.

활동 키워드

카드 뉴스	통계 포스터	**인포그래픽**	페입랩
기사	시(운문)	소설·에세이	서평
신문	UCC	소책자	가이드북
발명	캠페인	모의 수업	모의재판
실험	설문조사	인터뷰	정책 제안
노래	연극	코딩	사업계획서

　가상의 학생은 활동 키워드 중 그림, 그래프 등의 방식으로 다양한 정보를 한눈에 볼 수 있도록 전달하는 '인포그래픽'을 선정하여 발표를 진행했습니다.

　'세포 분열'이라는 주제는 선생님께서 지정하신 것으로 누구나 똑같은 내용으로 발표하는 일반적인 주제였습니다. 그러나 학생은 주제는 같더라도 자신만의 활동 방식을 선택해 다른 학생들과는 다르게 눈에 띄는 활동으로 만들 수 있었습니다.

세특 참고 예시

'세포 분열'을 주제로 발표하는 활동에서 인포그래픽을 제작하는 창의적인 방법으로 청자가 이해하기 쉽게 설명하여 ….

가상의 학생은 다른 친구들과 같은 내용의 발표였지만 인포그래픽을 활용한 효과적인 발표를 준비하고 진행함으로써 '창의적 문제해결력'을 강조할 수 있었습니다.

또 다른 사례를 통해 한 번 더 이해해봅시다. 이번에는 임상심리사를 희망하는 가상의 학생 예시입니다.

주어진 교과 활동 상황

[화학 시간]
원자의 구조와 원자모형에 관하여학습한 내용을 바탕으로
3분 발표를 준비해야 하는 상황.

가상의 학생에게 '원자의 구조와 원자모형'에 대해 배운 내용을 3분이라는 짧은 시간 안에 발표해야 한다는 조건이 부여되었습니다. 이에 새로운 정보를 추가하기는 어려운 상황이 되어, 평소처럼 발표한다면 다른 학생들과 똑같이 진행해야만 하는 상황이었습니다.

그래서 학생은 새로운 활동 방법으로 차별점을 만들어보고자 도전하였습니다.

활동 키워드

카드 뉴스	통계 포스터	인포그래픽	**페임랩**
기사	시(운문)	소설·에세이	서평
신문	UCC	소책자	가이드북
발명	캠페인	모의 수업	모의재판
실험	설문조사	인터뷰	정책 제안
노래	연극	코딩	사업계획서

가상의 학생은 활동 키워드 중 발표 시간은 똑같이 활용하면서도, 다른 친구들과는 다르게 작은 소품을 이용하며 청중의 흥미를 이끄는 '페임랩' 대회 형식을 선정하여 발표를 진행했습니다.

세특 참고 예시

'원자 구조와 원자모형'을 주제로 발표하는 활동에서 페임랩 형식으로 설명하며 직접 만든 소품을 활용해 청자의 흥미를 이끌어 ….

‘원자 구조와 원자모형’이라는 주제는 선생님께서 지정하신 것으로 모든 학생이 동일한 내용으로 발표하는 일반적인 주제였습니다. 하지만 가상의 학생은 자신만의 활동 방식을 활용해 오히려 눈에 띄는 발표 활동을 진행하고 ‘창의적 문제해결력’을 강조할 수 있었습니다.

자, 지금까지 두 가지 예시를 통해 활동 키워드를 활용하여 활동 자체에서 차별화 포인트를 만드는 방법을 알아보았습니다. 다만 지금까지 살펴본 활동과 다르게 활동 방식에 제약이 있어 활동 키워드조차 활용할 수 없는 상황이 생길 수 있겠죠!

이런 경우 우선 주어진 활동 자체에 열심히 참여해봅시다. 주어진 활동은 성실하게 참여하고 다른 활동에서 ‘나만의 키워드’, ‘활동 키워드’를 활용해 유의미한 활동을 진행하는 방법입니다. 학생부종합전형은 교내에서 진행한 다양한 활동을 종합적으로 평가하기에, 특정 활동에서 이렇다 할 특색을 보여주지 못했더라도 기타 활동을 의미 있게 진행함으로써 아쉬운 활동을 보완할 수 있습니다.

활동 자체를 열심히 진행하는 방법 외에 또 다른 방법은 학업역량, 발전 가능성, 인성 역량을 강조하는 방법입니다. Part 1에서 소개한 학생부종합전형의 평가 요소를 기억하시나요? 학생부종합전형의 평가 요소에는 우리가 잘 알고 있는 전공 적합성 외에 위에서 언급한 학업역량, 발전 가능성, 인성 역량이 존재했습니다. 이 세 가지 역량은 학생부종합전형을 준비한다면 전공 적합성과 함께 교내 활동을 통해 강조해야 하는 역량입니다. 자, 그렇다면 학업역량, 발전 가능성, 인성 역량을 강조하는 방법에 대해 알아봐야겠죠? 다음 장부터 소개될 내용을 통해 세 가지 역량의 강조 방법에 대해 함께 알아봅시다.

Solution 3. 학업역량, 발전 가능성, 인성을 강조하자!

마지막 해결책은 학업역량, 발전 가능성, 인성 역량을 강조하는 방법입니다. 학업역량, 발전 가능성, 인성의 세 가지 역량은 앞서 언급했듯이 우리가 잘 알고 있는 전공 적합성과 함께 학생부종합전형 평가요소에 포함된 핵심 평가 요소입니다. 즉 학생부종합전형을 준비한다면 위의 세 가지 역량은 반드시 준비해야 할 역량입니다.

다만 세 가지 역량을 강조하는 것이 조건이 있는 탐구활동에 국한될까요? 아닙니다.

위의 세 가지 역량은 학교생활기록부 전반에서 평가되는 요소이기에 세부능력 및 특기사항에 기재되는 모든 상황에서 강조할 필요가 있습니다.

그래서 학업역량, 발전 가능성, 인성 역량을 강조하는 방법은 앞서 살펴본 조건이 있는 탐구활동에 국한해 알아보지 않고 세부능력 및 특기사항에 기재 가능한 모든 상황에 적용할 수 있도록 Part 3에서 한번에 배워보겠습니다.

Part. 3

세특은 전공만?
NO! 학·발·인도 잊지 말자

01

학업역량, 발전 가능성,
인성 역량은 왜 중요할까?

　학생부종합전형을 준비하면서 '전공과 관련된 활동을 해야 한다.'라
는 이야기 많이 들어보셨죠? 이를 바탕으로 전공 관련된 활동을 진행
하기 위해 노력한 경험이 다들 있으실 겁니다. 실제로 여러분이 진행
한 전공과 관련된 활동은 Part 1에서 배운 학생부종합전형의 평가 요
소 중 '전공 적합성' 측면에서 유의미하게 평가받을 수 있기에 놓치지
않고 진행해야 할 중요한 활동입니다.

하지만 Part 1에서 배운 학생부종합전형의 평가 요소를 살펴보면 방금 언급한 '전공 적합성' 외에도 3가지의 평가 요소가 더 존재합니다. 그 요소들이 현재 Part 3 제목에 있는 '학업역량', '발전 가능성', '인성'이며 각각 아래와 같은 역량을 평가합니다.

- **학업역량 : 학업을 충실히 수행할 수 있는 기초 수학 능력**
- **발전 가능성 : 현재 상황, 수준 이상의 질적 향상을 이룰 가능성**
- **인성 : 개인적 성품과 미래 사회에 요구되는 나눔과 배려, 팀워크, 의사소통 등 핵심 인성 역량**

자, 그렇다면 우리는 왜 학업역량, 발전 가능성, 인성 역량을 강조해야 할까요?

만약 우리가 3년간 희망 전공을 위해 노력한 경험만을 보여줬다고 가정해봅시다. 이 경우

1) 대학 진학 후, 학업을 충실히 수행할 수 있을지

2) 현 수준을 넘어 꾸준한 발전을 성취할 수 있을지

3) 자신이 가진 역량을 올바르게 활용하고 타인과 협업과 소통을 원활하게 진행할 수 있을지

에 대한 의심을 피할 수 없을 것입니다. 결국 전공 적합성은 우수할지 몰라도, 전공 적합성과 함께 학업역량, 발전 가능성, 인성의 4가지 평가 요소를 종합적으로 평가하는 학생부종합전형에서 우수한 평가를 받기 어렵겠죠.

따라서 우리는 전공에 관한 관심, 역량과 함께 여러분이 가진 다방면의 역량을 학업역량, 발전 가능성, 인성 역량을 활용해 강조할 필요가 있습니다. 그렇다면 이제 중요한 것은 '어떻게 세 가지 역량을 강조할 것인가?'겠죠?

이번 Part 3에서는 우리가 Part 2에서 다룬 탐구활동에서 학업역량, 발전 가능성, 인성 역량을 강조하는 방법을 시작으로 탐구활동 외 평소 수업 시간을 활용해 세 가지 역량을 강조할 방법에 대해서도 알아보겠습니다.

02

탐구활동에서 강조하자!

 자, 앞서 소개했듯이 우선 탐구활동에서 학업역량, 발전 가능성, 인성 역량을 강조하는 방법에 대해 알아봅시다. 그 첫 번째 방법은 단체 활동을 활용하는 방법입니다!

1. 단체 활동을 활용하라!

 우리가 탐구활동을 진행하다 보면 조별 과제, 모둠 활동 등 친구들과 함께 협업해서 하나의 과제를 해결하는 단체 활동이 많이 진행되죠?

이러한 단체 활동을 잘 활용한다면 실제로 우리의 협업능력, 인성적 발전을 물론, 학생부종합전형의 평가에 있어서 아래와 같은 학업역량, 발전 가능성, 인성 역량의 세부 항목을 강조할 수 있습니다.

- **리더십**
- **협업능력**
- **소통능력**
- **나눔과 배려**

그렇다면 위에 작성된 평가 요소를 강조하기 위해 우리는 어떻게 할 것인지가 가장 중요하겠죠? 단체 활동은 4가지 모습만 기억해봅시다!

1) 단체의 화합과 목표 달성을 위한 구체적인 모습

2) 자발적인 협력을 통해 목표를 달성하는 모습

3) 다른 팀원의 지식과 의견을 경청하는 모습

4) 다른 팀원을 위해 자신의 것을 나누는 모습

우리는 위의 4가지 모습을 통해 학업역량, 발전 가능성, 인성 역량을 강조할 수 있습니다.

자, 지금까지 다룬 내용을 정리해보자면 우리는 단체 활동을 통해 강조할 수 있는 역량과 단체 활동에서 기억해야 할 4가지 모습에 대해 살펴보았습니다!

그렇다면 지금까지 살펴본 내용에 대해 응용소프트웨어 개발자를 희망하는 가상의 학생 예시를 통해 구체적으로 알아봅시다!

주어진 교과 활동 상황

[생명과학 I 시간]
조별로 하나의 단원을 선택하고
수업 시간에 배운 내용을 요약해 소개하는
조별 발표를 준비해야 하는 상황.

가상의 학생은 생명과학 I 교과서 내 단원을 하나 선정해 소개하는 조별 발표 과제를 받았습니다. 단순히 교과서 내용을 요약해 발표하는 활동이었기에 나만의 키워드를 연결하는 등 다른 내용의 추가는 어려운 상황이었죠.

이에 학생은 조별 활동 자체에 적극적으로 참여하는 모습으로 차별점을 만들어보고자 조장에 지원했습니다.

그리고 조장으로 활동하며 학생은 조원들 간의 의견 다툼이 있을 때마다 적극적인 중재자 역할을 자처했습니다. 특히 발표 파트를 배분하는 과정에서 팀원들의 의견이 첨예하게 갈리자, 팀원 개개인의 의견을 주의 깊게 듣고 들은 내용을 바탕으로 합리적인 안을 제시해 성공적인 파트 분배를 이끌었습니다.

세특 참고 예시

조별 발표 과제의 조장을 맡아 적극적인 중재자 역할을 함. 특히 파트를 배분하는 과정에서 하고 싶은 주제가 겹쳐 갈등이 발생했을 때, 팀원 전체의 이야기를 경청한 후 조별 발표의 성공적인 마무리를 위한 합리적인 안을 제시하여 갈등을 해결하는 모습이 인상적임.

자, 이렇게 조장으로서 활약한 가상의 학생 활동을 정리해보면 가상의 학생은 단체 활동에서의

1) 단체의 화합과 목표 달성을 위한 구체적인 모습

2) 자발적인 협력을 통해 목표를 달성하는 모습

3) 다른 팀원의 지식과 의견을 경청하는 모습

위와 같은 세 가지 모습을 통해 발전 가능성, 인성 역량을 강조할 수 있었습니다.

자! 단체 활동에 대한 감이 좀 잡히셨나요? 이번에는 임상심리사를

희망하는 가상의 학생 예시를 통해 단체 활동에 대해 한 번 더 살펴봅시다.

주어진 교과 활동 상황

[독서 시간]
조별로 고전 문학 하나를 선정하여
시대적 배경을 중심으로 작품을 소개하는
조별 보고서를 제출해야 하는 상황

예시 속 학생은 조원들과 고전 문학 하나를 선정하여 소개하는 보고서를 준비하는 과제를 받았습니다. 앞선 사례와 마찬가지로 시대적 배경을 중심으로 고전 문학을 소개하는 정해진 활동을 진행하다 보니 나만의 키워드를 연결하는 등 다른 내용을 추가하는 것이 어려웠으며, 조장도 다른 친구로 선정된 상황이었습니다.

그럼에도 학생은 조별 보고서 활동에 적극적으로 참여했습니다. 보고서를 작성할 문학 작품 선정에 적극적으로 의견을 개진하고, 갑작스럽게 조원 한 명이 참여하지 못하는 상황에서 해당 조원의 몫을 누가 맡을지 눈치를 보고 있을 때 자발적으로 해당 조원의 몫까지 도맡아 진행했습니다.

세특 참고 예시

고전 문학 조별 보고서 활동에 적극적으로 참여함. 모두의 진로를 고려한 문학 작품을 제시해 원활한 작품 선정을 도왔으며, 몸이 아픈 조원이 발생하자 해당 조원의 몫까지 함께 준비하는 등 활동 전반에 기여한 바가 큼.

임상심리사를 꿈꾸는 가상의 학생은 비록 조장은 아니었지만, 적극적인 참여를 통해

1) 단체의 화합과 목표 달성을 위한 구체적인 모습

2) 자발적인 협력을 통해 목표를 달성하는 모습

3) 다른 팀원을 위해 자신의 것을 나누는 모습

의 세 가지 모습을 보여줌으로써 발전 가능성, 인성 역량을 강조할 수 있었습니다.

자, 지금까지 탐구활동 내 단체 활동에서 학업역량, 발전 가능성, 인성 역량을 강조할 방법을 예시를 활용해 알아보았습니다. 4가지 모습을 통한 세 가지 역량을 강조하는 방법에 대해 완벽히 이해하셨나요?

완벽히 이해하셨다면! 다음으로 넘어가 소통을 활용해 학업역량, 발전 가능성, 인성 역량을 강조하는 방법에 대해 알아봅시다!

2. 다양하게 소통하라!

우리가 탐구활동을 진행하다 보면 많은 소통의 순간이 찾아오곤 하죠. 앞서 배운 단체 활동은 물론이고 토론, 발표 등등 다양한 활동에서 소통 필요한 순간이 존재합니다. 이번에는 이렇게 많은 소통의 순간을 유의미하게 활용하는 방법에 대해 알아보겠습니다!

우리는 아래의 세 가지 소통 방법에 집중해봅시다.

1) 다른 팀원의 지식과 의견을 경청하는 방법

2) 자신의 의견을 논리적으로 전달하는 방법

3) 새로운 지식과 사고방식을 적극적으로 받아들이는 방법

위의 세 가지 방법을 통해 탐구활동에서 소통을 진행한다면, 여러분들의 실제 소통능력을 기를 수 있는 좋은 경험이 될 수 있음은 물론,

학생부종합전형 평가 요소 인성 역량의 세부 항목인 '소통능력'의 유의미한 평가 근거가 될 수 있습니다.

따라서 우리는 적극적인 소통의 기회가 주어지는 단체 활동을 포함하여 발표, 토론 등의 활동을 지나치지 않고 위의 세 가지 방법을 활용하여 소통 능력을 강조해봅시다!

자, 활용 방법도 배웠으니 이번에도 가상의 학생 예시를 통해 실제 상황에 적용하는 방법을 배워봅시다!

주어진 교과 활동 상황

[생명과학 I 시간]
조별로 하나의 단원을 선택하고
수업 시간에 배운 내용을 요약해 소개하는
조별 발표를 준비해야 하는 상황.

첫 예시는 단체 활동에서도 소개했던 응용소프트웨어 개발자를 희망하는 가상의 학생 예시입니다.

가상의 학생은 생명과학 조별 발표에서 조장으로서 주도적으로 참여했었죠. 이때 파트를 배분하는 과정에서 생긴 갈등을 학생은 자신의 의견을 고집하고 강요하는 것이 아닌, 팀원 전체의 의견을 주의 깊게 경청하고 이를 바탕으로 해결책을 제시하는 모습을 보여주고 있습니다.

세특 참고 예시

조별 발표 과제의 조장을 맡아 적극적인 중재자 역할을 함. 특히 파트를 배분하는 과정에서 하고 싶은 주제가 겹쳐 갈등이 발생했을 때, 팀원 전체의 이야기를 경청한 후 조별 발표의 성공적인 마무리를 위한 합리적인 안을 제시하여 갈등을 해결하는 모습이 인상적임.

가상의 학생은 팀 내부 갈등이 생긴 상황을 해결하는 과정에서

· **다른 팀원의 지식과 의견을 경청하는 방법을 활용하여 소통 능력을 보여줄 수 있었습니다.**

다음은 응용소프트웨어 개발자를 희망하는 가상의 학생의 다른 예시를 살펴보겠습니다!

주어진 교과 활동 상황

[영어 Ⅰ 시간]
학생별 지정된 지문에 대해
문법적 요소를 분석하고 발표하는 상황

가상의 학생은 지문에 대한 문법적 요소를 분석하는 발표다 보니 나만의 키워드 등 다른 내용을 추가하는 것은 어렵다는 것을 확인했습니다. 이에 지문에 대해 분석한 내용을 효과적으로 친구들에게 전달하는 것을 활동의 목표로 잡았습니다.

그래서 지문 속 주요 문법 포인트에 대해 꼼꼼하게 분석한 후, 친구들이 쉽게 이해하고 활용할 수 있도록 다양한 예시를 준비해 발표에 활용하였습니다.

세특 참고 예시

지문 분석 발표에서 자신이 도출한 문법 요소마다 여러 개의 예시를 제시함. 이를 통해 듣는 이가 해당 문법에 대해 쉽게 이해하고 다양한 상황에서 쉽게 활용할 수 있도록 발표를 구성함.

가상의 학생이 발표를 진행하며 청자의 이해를 돕기 위해 다양한 예시를 제시한 모습을 통해

- **자신의 의견을 논리적으로 전달하는 방법을 활용하였음을 알 수 있습니다.**

자, 이제 소통 능력의 마지막 예시입니다. 임상심리사를 희망하는 가상의 학생 예시를 통해 소통 능력을 강조하는 방법에 대해 다시 한 번 살펴봅시다!

주어진 교과 활동 상황

[사회문화 시간]
최저임금 인상에 대한 찬반 토론을
준비하여 진행해야 하는 상황

가상의 학생은 사회문화 시간 최저임금 인상에 대한 찬반 토론을 과제로 부여받았습니다. 이때 평소 최저임금 인상에 찬성하던 입장이었

지만, 찬반을 무작위로 결정하는 상황에서 반대 측의 토론자로 참여하게 되었습니다.

이에 학생은 이번 기회에 평소 생각하지 못했던 입장에 대해 깊이 있게 알아보는 시간으로 활용하겠다고 생각하고 적극적으로 자료 탐색에 임했습니다. 책과 칼럼 등 다양한 자료를 활용해 지식을 탐구해 근거를 쌓았고, 실제 토론을 진행하면서 자신의 근거를 뒷받침하기 위한 통계와 해외사례를 적절하게 활용했습니다.

세특 참고 예시

최저임금 인상 찬반 토론에서 반대 측으로 참여함. 평소 자신이 가진 입장과 다른 입장임에도 누구보다 적극적으로 책과 칼럼 등을 활용해 근거를 수집하였으며, 토론 진행 간 통계자료와 해외사례를 활용해 자신의 의견을 뒷받침하는 모습이 인상적임.

가상의 학생은 토론 활동에서 아래의 두 가지 방법을 활용하여 자신의 소통 능력을 보여주었습니다.

- **새로운 지식과 사고방식을 적극적으로 받아들이는 방법**
- **자신의 의견을 논리적으로 전달하는 방법**

이처럼 하나의 활동에서 반드시 하나의 방법만을 활용할 필요는 없습니다. 따라서 여러분 역시 하나의 방법에 국한되기보다는 자신의 활동 상황을 고려하여 다양한 소통의 모습을 보여줌으로써 소통 능력을 더욱 강조해봅시다!

다음 장에서는 탐구활동에서 학업역량, 발전 가능성, 인성 역량을 강조하는 마지막 방법인 독서를 활용하는 방법에 대해 다뤄보겠습니다!

3. 도서를 활용하라!

독서, 여러분들은 어떻게 활용하고 있으신가요? 독서 활동은 학교생활을 하며 독후감, 수업 과제, 대회 등 다양한 활동을 통해 접하고 있지만, 구체적으로 어떻게 활용해야 할지 몰라 가볍게 지나치는 경우가 많습니다.

특히 2022년 기준 고등학교 1, 2학년의 경우 독서활동상황이 대입에 미반영되며 독서 활동의 중요성에 대해 더욱 간과하기 쉽습니다.

하지만 독서 활동은 평가자가 지적 호기심과 발전 가능성을 파악할 수 있는 중요한 요소입니다. 호기심이 생긴 교과 내, 전공 관련 지식에 대해 독서를 활용한다면 실제 여러분의 지식의 폭을 넓힐 수 있음은 물

론, 학생부종합전형의 평가 측면에서

- **학업태도와 학업의지**
- **자기 주도성**
- **경험의 다양성**

등의 학업역량, 발전 가능성, 인성 역량 세부 항목의 유의미한 평가 근거가 될 수 있습니다.

따라서 우리는 탐구활동에서 독서를 활용하여

- **주도적으로 교과, 전공 지식을 확장하는 모습을 보여주는 것이 중요합니다.**

자, 그렇다면 예시를 통해 독서를 활용해 주도적으로 지식을 확장하는 모습을 살펴봅시다! 독서 활용의 첫 번째 예시는 응용소프트웨어 개발자를 희망하는 가상의 학생입니다.

주어진 교과 활동 상황

[미적분 시간]
미적분이 활용되는 사례를
조사하여 보고서로 제출하는 상황

가상의 학생은 미적분 시간에 미적분의 활용사례를 조사하는 보고서를 제출해야 하는 상황이었습니다. 관련 사례를 조사하던 중, 미적분 활용사례에 대한 단편적인 자료들에 아쉬움을 느껴 관련 내용이 포함된 도서를 선정하여 더 다양하고 깊이 있는 지식을 쌓고자 했습니다.

그 결과 관련 도서 내용을 통해 로켓, 컴퓨터 그래픽, 인공지능 등 여러 분야의 미적분 활용사례를 두루 접할 수 있었으며 그중 가장 호기심을 불러일으킨 인공지능과 관련된 경사 하강법을 주제로 추가 탐구 계획까지 수립하였습니다.

세특 참고 예시

미적분의 활용사례에 대한 보고서를 준비하며 깊이 있는 내용을 접하고자 스스로 '미적분의 쓸모(한화택)'라는 도서를 선택해 탐독함. 도서를 통해 접한 가속도, 최적화 등의 미적분 활용사례를 조리 있게 보고서로 작성했으며 미적분 활용사례 중 평소 관심 있던 인공지능 학습과 관련된 경사 하강법에 관한 추가 탐구 계획을 제시함.

결론적으로 가상의 학생은 교과 수업에서 배운 내용을 확장하는 과정에서 독서를 활용하는 모습을 통해 학업역량, 발전 가능성, 인성 역량을 강조할 수 있었습니다.

다음은 임상심리사를 희망하는 가상의 학생 예시를 통해 독서 활용에 대해 한 번 더 알아봅시다!

주어진 교과 활동 상황

[통합사회 시간]
수업 시간에 다룬 '능력주의'에 대한
찬반 토론을 준비해야 하는 상황.

예시 속 학생은 능력주의에 대한 찬반 토론을 준비해야 하는 상황이었습니다. 자료 조사를 진행하며 능력주의에 대한 다양한 의견을 접했지만, 능력주의 자체에 대한 깊이가 부족하다는 것을 인지하여 관련 도서를 활용해 깊이를 더해보고자 했습니다.

학생은 관련 도서를 선정하고 읽으며 수업 시간에 배운 능력주의가 갖는 사회적 의미와 능력주의로 포장된 공정함이 정의로운지에 대해 의문을 품게 되면서 사고를 확장할 수 있었습니다.

세특 참고 예시

'능력주의는 옳은가?'를 주제로 토론을 진행함. 토론을 준비하는 과정에서 수업에서 배운 내용으로는 부족함을 느껴 '공정하다는 착각(마이클 샌델)'을 찾아 읽음. 이를 통해 능력주의가 사회 속에서 갖는 의미에 대해 알 수 있었으며 과연 진정한 공정함이 무엇인지 고민하는 계기가 됨.

이렇듯 본 예시의 가상의 학생도 활동에 필요한 지식에 부족함을 느껴 진행한 주도적인 독서 활동을 통해 지식의 폭을 확장함과 동시에 학업역량, 발전 가능성, 인성 역량을 강조할 수 있었습니다. 두 가상의 학생 예시를 통해 도서를 활용한 지식을 확장하는 방법에 대해 확실히 학습하셨으리라 생각됩니다.

자! 지금까지 탐구활동에서 학업역량, 발전 가능성, 인성 역량을 강조할 수 있는 세 가지 방법인 단체 활동, 소통, 독서를 활용하는 방법에 대해 알아보았습니다!

다음 장에서는 우리가 지금까지 다뤄온 탐구활동이 아닌 평소 수업 시간을 활용하여 학업역량, 발전 가능성, 인성 역량을 강조하는 방법에 대해 다뤄보겠습니다.

03

수업 시간에 강조하자!

지금까지 우리는 탐구활동에서 주제를 도출하고 학업역량, 발전 가능성, 인성 역량을 강조하는 방법에 대해 배워보았습니다.

자, 지금부터는 탐구활동이 아닌 평소 여러분들이 매일 참여하고 있는 수업 시간을 활용하여 학업역량, 발전 가능성, 인성 역량을 강조하는 방법 3가지를 배워보겠습니다. 평소 수업 시간을 활용하는 첫 번째 방법은 다양한 역할에 참여하는 방법입니다!

1. 다양한 역할에 참여하라!

우리가 매일 참여하는 수업 시간에는 교과 도우미, 교과부장, 조별 과제 조장, 멘토·멘티 등등 다양한 역할들이 존재하죠! 이번에 배울 방법은 바로 이 다양한 역할들을 활용해보는 것입니다.

역할 활용이 중요한 이유는 내가 속한 단체의 목표 달성을 위해 고민하고, 타인을 위해 배려하는 모습을 보여줌으로써

- **리더십**
- **나눔과 배려**

등의 학업역량, 발전 가능성, 인성 역량의 세부 항목에서 유의미한 평가를 받을 수 있기 때문입니다. 자, 그러면 역할을 어떻게 활용해야 하느냐? 방법은 간단합니다!

- **공동체에 긍정적인 영향을 주기 위해 활동하는 방법**
- **공동체의 목표를 달성하기 위해 활동하는 방법**

방법만 보았을 때는 어려워 보이지 않지만, 돌다리도 두드려보고 건너야겠죠. 예시를 통해 완벽하게 이해해봅시다! 첫 번째 예시는 응용 소프트웨어 개발자를 희망하는 가상의 학생 예시입니다.

주어진 역할

가상의 학생은 과학탐구실험 과목 부장으로 활동했습니다. 처음에는 선생님의 전달 사항과 유인물을 친구들에게 전달하는 활동만을 진행했습니다. 하지만 더 좋은 수업 환경을 위해 과목 부장으로서 어떤 역할을 하면 좋을지 고민하던 중 매 실험, 실험과정에 어려움을 겪는 친구들이 생기는 것을 보고 실험 도우미 역할을 맡아 일 년 동안 진행하였습니다.

세특 참고 예시

과학탐구실험: 과목 부장을 맡아 수업이 원활히 이루어지도록 실험 기구, 자료 등을 성실히 준비함. 특히 매 실험 사전에 교사에게 실험 방법에 대해 질의해 완벽히 숙지한 후, 실험 중 어려움을 겪는 친구들을 찾아 적극적으로 도움.

가상의 학생은 자신이 맡은 역할을 통해 과목에서 발생한 문제점을 인식하고 그것을 해결하기 위한 적극적인 모습을 보여줌으로써 학업 역량, 발전 가능성, 인성 역량을 강조하였습니다. 역할을 활용하는 방법인 공동체를 위한 긍정적 영향을 위해 구체적으로 활동한 것이죠!

자, 그러면 임상심리사를 희망하는 가상의 학생 예시를 통해 한 번 더 역할에 대해 알아봅시다!

주어진 역할

[영어 시간]
멘토

가상의 학생은 영어 시간 멘토로 활동하며 멘티들이 영어 지문을 독해하는 과정에서 단어를 몰라 어려움을 겪는 것을 인지하게 되었습니다. 이에 학생은 스스로 단어시험 용지를 만들어 매주 2회 단어시험을 진행했습니다. 그 과정에서 모범을 보이고자 함께 단어시험을 열심히 준비하고 참여하는 모습을 보여주었습니다.

세특 참고 예시

영어 : 영어 교과 멘토로 활동함. 멘토로서 담당 멘티들이 단어를 몰라 독해에 어려움을 겪는 모습을 발견하곤 매주 2회 자체 단어시험을 만들어 진행함. 시험지 제작뿐 아니라 멘티에게 모범을 보이고자 단어 외우기에 충실함. 이러한 과정을 통해 실제 멘티들의 기말고사 성적이 향상하는 성과를 거둠.

가상의 학생은 영어 멘토로 활약하며 멘티들의 성적향상이라는 목표를 달성하고자, 멘티들이 실제 겪고 있는 가장 큰 어려움을 파악하

고 이를 해결하기 위해 노력했습니다. 그리고 이러한 모습을 통해 리더십, 나눔과 배려 등의 학업역량, 발전 가능성, 인성 역량을 강조할 수 있었죠.

자! 두 가상의 학생 예시를 통해 역할을 활용해 자신이 속한 공동체를 위한 구체적인 활동을 함으로써 학업역량, 발전 가능성, 인성 역량을 강조하는 방법에 대해 살펴보았습니다!

다음 장에서는 수업 시간의 자발적인 행동을 활용하는 방법에 대해 함께 살펴봅시다!

2. 자발적으로 행동하라!

수업을 진행하다 보면 자신의 궁금증을 해소하기 위해 끊임없이 질문하고 선생님의 질문에 적극적으로 대답하고 참여하는 학생들을 볼 수 있죠!

이러한 자발적인 모습은 학생부종합전형의 평가 요소 중

- **학업태도와 학업의지**
- **자기주도성**

· **나눔과 배려**

등 학업역량, 발전 가능성, 인성 역량의 세부 항목에서 유의미한 평가 근거가 될 수 있습니다.

자, 이제는 자발적인 행동이 왜 필요한지 이해하였으니 예시를 살펴보며 여러분들의 상황에서 적용할 방법을 고민하는 시간을 가져봅시다!

첫 번째 예시는 응용프로그램 개발자를 희망하는 가상의 학생 예시입니다.

가상의 학생은 통합과학 시간에 교과 수업 내에서 배운 내용에 대해 궁금증이 생기면 완벽히 이해하고자 적극적으로 질문하였습니다. 또한 선생님에게 관련 지식을 습득할 수 있는 도서를 추천받아 읽음으로써 지식을 확장해나가고자 했습니다.

세특 참고 예시

과학에 큰 관심을 가지고 이해가 되지 않는 부분은 끝까지 질문하면서 해결하고자 하는 모습이 돋보임. 또한 교사에게 관련 도서를 질문하여 읽는 등 지식을 적극적으로 습득하는 모습이 인상적인 학생임.

가상의 학생은 주도적으로 학습을 수행하고 지식을 넓혀가는 모습을 보여줌으로써

· **학업태도와 학업의지**

· **자기주도성**

등의 학업역량, 발전 가능성, 인성 역량을 강조하였습니다.

자발적인 모습을 활용하는 방법, 어렵지 않죠? 하지만 확실한 이해를 위해 한 가지 예시를 더 살펴봅시다. 이번에는 임상심리사를 희망하는 가상의 학생 예시입니다.

가상의 학생은 사회문화 수업 간 친구들이 기능론과 갈등론 구분에 어려움을 겪는 모습을 지켜보았습니다. 이를 해결하고자 스스로 기능론과 갈등론에 대한 학습을 다양한 자료를 활용해 진행한 후, 보다 쉽게 이해할 수 있는 여러 예시를 정리하여 수업 전 친구들에게 배포하였습니다.

세특 참고 예시

기능론과 갈등론을 배우는 과정에서 친구들이 이해에 어려움을 겪는 모습을 보고 자발적으로 기능론과 갈등론에 대해 도서, 기사 등을 활용해 깊이 있게 학습한 후 이해에 도움을 줄, 여러 예시를 정리해 수업 시간 전 배포함.

가상의 학생은 교실 내에서 학업에 대한 어려움을 겪는 친구들을 돕고자 주도적인 학습을 수행하고 학습을 통해 얻은 지식을 기꺼이 타인을 위해 나누는 모습을 통해

- **학업태도와 학업의지**
- **자기주도성**
- **나눔과 배려**

등의 학업역량, 발전 가능성, 인성 역량을 보여주었습니다. 이번 사례에서 살펴보았듯이 자신의 역량을 기르기 위한 자발적인 모습은 물론, 공동체를 위한 자발적인 모습 역시 유의미한 평가 근거가 될 수 있습니다.

두 가상의 학생 예시를 살펴보며 자발적인 모습에 대해 완벽히 이해하셨을 것으로 생각됩니다. 이제는 다음 장으로 넘어가 수업 시간을

활용하는 마지막 방법인 예체능 영역에서의 적극적인 참여에 대해 다뤄보겠습니다!

3. 예체능 영역에 적극적으로 참여하라!

국어, 영어, 수학, 탐구 등 주요 교과가 아닌 과목에 열심히 참여하고 있으신가요? 그렇지 않다면 지금부터라도 적극적으로 참여해봅시다! 특히 소홀하기 쉬운 예체능 과목은 수업 시간에 적극적이고 성실하게 참여하는 모습을 통해 발전 가능성의 세부 항목인

· 경험의 다양성

의 유의미한 평가 근거가 될 수 있습니다! 그러므로 예체능 영역의 수업 시간, 수행평가 등에 적극적으로 참여할 필요가 있겠죠!

그러면 예체능 영역에서의 적극적인 참여를 가상의 학생 예시를 통해 구체적으로 살펴봅시다!

응용프로그램 개발자를 희망하는 가상의 학생은 축구 드리블 평가에서 우수한 성적을 받기 위해 선생님께 드리블 노하우를 질문하고 매일 일정 시간을 정하여 연습을 진행하였습니다. 그 결과 수행평가에서 우수한 성과를 성취할 수 있었죠.

세특 참고 예시

체육: 축구 드리블 평가에서 우수한 성적을 거둠. 연습 초기 발로 공을 다루는 것이 익숙하지 않아 어려움을 겪었지만, 친구들과 선생님에게 적극적으로 질문하고 친구와 함께 저녁 시간마다 꾸준히 연습한 결과 반 내에서도 두드러지는 성과를 성취함.

가상의 학생은 주어진 수행평가에 적극적이고 진지하게 임함으로써 예체능 영역에서 적극적으로 참여하는 모습을 보여주었습니다.

이젠 예체능 영역에서의 적극적인 참여가 무엇인지 이젠 잘 이해하셨으리라 생각됩니다! 이제 하나의 예시를 더 살펴보며 완벽한 내 것으로 만들어봅시다. 이번 예시는 임상심리사를 희망하는 가상의 학생이 음악 시간에 적극적으로 참여하는 예시입니다.

가상의 학생은 음악 시간에 수행평가 기타 반주 도우미로 참여하며, 반 친구들의 가창 곡을 모두 연습하여 매끄러운 연주로 원활한 수행평가 진행에 공헌했습니다.

세특 참고 예시

음악 : 매 음악 시간 성실하게 참여함. 특히 기타 연주 능력이 뛰어나 가창 수행평가에서 전 학생의 기타 반주 역할을 도맡아 함. 학생마다 가창하는 곡이 다름에도 수행평가를 위해 성실히 연습하여 매끄러운 연주로 가창하는 학생을 안정적으로 리드함.

본 예시의 가상의 학생 역시 음악 시간 자신의 역할에 충실히 임하고자 노력하는 모습을 통해 예체능 영역에서 적극적으로 참여하는 모습을 보여주었습니다.

즉, 두 가상의 학생 예시에서도 확인해볼 수 있듯 예체능 영역은 평소 수업 시간과 수행평가를 활용해 적극적으로 참여함으로써 역량을 강조할 수 있습니다.

자, 지금까지 세특에서 학업역량, 발전 가능성, 인성 역량을 강조하기 위한 6가지의 방법에 대해 알아보았습니다.

이번 파트에서 학습한 내용을 정리해보면, 첫 번째로 탐구활동을 진행하며

- **단체 활동**

- **소통**

- **독서**

를 활용하여 학업역량, 발전 가능성, 인성 역량을 강조하는 방법에 대해 다뤄보았습니다.

그리고 탐구활동에 국한되지 않고 평소 수업 시간에서

- **다양한 역할**

- **자발적인 모습**

- **예체능 영역에서의 적극적 참여**

를 활용해 세 가지 역량을 강조하는 방법을 배웠죠.

지금까지 Part 3에서 소개한 6가지 방법을 적극적으로 활용한다면 자칫 전공 적합성에만 치우칠 수 있는 여러분의 세특을 보다 풍부한 역량이 강조된 활동으로 채워진 세특으로 만들어가는 데 도움이 될 것이라 확신합니다.

자, 이젠 Part 2와 Part 3에서 배운 다양한 방법을 학교생활에 적용하는 일만 남았습니다. 하지만 잠시! 학교생활에 적용 전, 지금까지 배운 내용의 완벽한 이해를 돕고자 합격 선배의 실제 사례를 준비했습니다. 이어질 Part 4에서 실제 합격 선배들의 사례를 살펴보며 Part 2와 Part 3의 내용을 완벽하게 내 것으로 만드는 시간을 가져봅시다!

Part. 4

지·학 만점
지식과 학종 모두
만점으로 만드는 비법

01

자유주제 세특,
선배들은 어떻게 했을까?

목표대학에 합격한 선배들은 어떻게 '지식'도 확장하고, '학종'으로 목표대학에 합격도 할 수 있었을까요?

그 비밀은 Part 2에서 학습한 두 가지 상황에서 주제를 선정하는 방법에 있습니다!

이제 Part 4에서는 합격 선배들의 사례를 재구성한 세특 복원 예시를 살펴보면서 Part 2에서 알아본 자유롭게 주제를 선정하는 상황, 조건에 맞춰 주제를 선정해야 하는 상황에 대해 복습해보겠습니다.

나만의 키워드 1. 전공, 진로

먼저 Part 2에서 학습한 나만의 키워드를 도출하는 방법 중 '전공 진로 관련 나만의 키워드'를 복습해보겠습니다. 전공 진로 관련 나만의 키워드를 도출 및 활용하여 주제를 선정하는 데는 3가지 절차가 있었습니다!

1. 희망 진로와 관련된 '전공진로 관련 나만의 키워드' 정리하기
   : '전공 관련 주요 교과목과 연구분야, 진로 관련 필요 기술 및 지식과 하는 일'을 키워드로 정리해보는 단계였습니다.

2. 주제를 제작하는 '도구 키워드'와 연결하기
   : 총 20개의 키워드가 담긴 표를 보고 탐구해보고 싶은 키워드를 연결해보는 단계였습니다. 편히 보실 수 있도록 다시 보여드리겠습니다!

주제를 제작하는 '도구 키워드'

학습·개발 ·실행 방법	문제·원인 ·방안	영향	해외사례 비교
정의와 유형	미래 전망	AI, 4차 산업 혁명과의 관계	특징과 사례·적용
수업시간 학습·탐구한개념	관련 이론 ·원리	관련 작품 (영화, 드라마 등)	관련 전문가 의견
관련 시사	관련 실험	관련 법· 정책·제도	관련 도서
하위 학문 (분야)	유사한 개념과 유형	유사한 대상과의 비교	트렌드

3. 연결한 키워드를 검색해보며 탐구주제 구체화하기

  : 검색해서 확인되는 자료를 바탕으로 탐구주제를 구체화해보

  는 단계였습니다!

자! 그러면 복습도 진행했으니, 이제 실제 합격 선배의 예시를 보며

어떻게 적용하는 것인지 이해해봅시다!

합격 선배의 '나만의 키워드' 활용 예시

처음으로 소개할 예시는 '경영학과'와 관련된 '회계사' 진로를 희망했던 선배의 사례입니다. 선배는 과연 나만의 키워드를 어떻게 활용했는지 살펴봅시다!

선배에게 주어진 교과 활동 상황

사회·문화 시간
자유롭게 주제를 선정해 보고서를 작성하고
발표하는 상황

---

1) 나만의 키워드 정리하기

· 경영학과, 회계사, 스타트업(설립한 지 오래되지 않은 신생기업)

2) '도구 키워드' 선택하기

· 영향

3) 키워드 연결해 검색하기

· 스타트업 영향 : '스타트업 활성화'가 '경제 성장'에 미치는 영향
  관련 내용 확인

4) 주제 구체화하기

· 스타트업과 경제 성장의 관계

5) 세특 복원 예시

우리나라 스타트업의 기업문화와 생존전략을 설명하는 보고서를 작성함. 또한, 스타트업의 경제 성장에 대한 긍정적 영향에 대해 발표하며, 스타트업 활성화 필요성을 강조하는 등 다른 학우들에게 생소한 개념을 조사하고 이해하기 쉽게 사례를 들어 발표하는 모습이 인상적임.

실제 합격 선배는 아래와 같이

'나만의 키워드를 연결'하였습니다.

나만의 키워드
(스타트업)　　　　╋　　　　　영향

학생부종합전형 평가 요소

학업역량	전공적합성	인성	발전가능성
학업성취도	전공 관련 교과옥 이수 및 성취도	협업능력	**자기주도성**
학업태도와 학업의지	**전공에 대한 관심과 이해**	나눔과 배려	경험의 다양성
탐구활동	**전공 관련 활동과 경험**	**소통능력**	리더십
		도덕성	창의적 문제해결력
		성실성	

위 합격 선배는 본인의 전공, 진로의 연구 분야인 스타트업에 관하여 '영향'을 연결하여 탐구함으로써 '전공, 진로에 관한 이해를 확장하는 모습'을 보여주었습니다. 특히 스타트업과 관련해 보고서에서는 기업문화, 생존전략을, 이후 발표에서는 영향에 관해 탐구하여 '다양한 측면으로 지식을 확장한 모습'을 보여준 점이 유의미했습니다.

선배처럼 전공, 진로에 관하여 탐구한 내용이 있더라도, 다른 분야(다른 도구 키워드)와 연결하여 탐구하는 모습을 보여준다면 '관심 분야에 대한 이해를 높이기 위한 노력'의 측면에서 긍정적으로 평가받을 수 있습니다.

또한, 해당 사례는 '사례를 들어 학우들이 이해하기 쉽게 설명한 모습'이 드러나 '본인의 의도를 효과적으로 전달하는 능력'의 측면에서도 유의미한 평가를 받을 수 있었던 사례였습니다.

* 색칠된 항목은 활동에 통해 강조된 긍정적 평가항목입니다.
* 다만 대학과 평가관마다 세부 차이가 있을 수 있어 절대적 기준이 아니므로 참고용으로만 활용하시길 바랍니다.

나만의 키워드 2. 활동 경험

앞에서 복습한 '전공 진로를 활용해 도출한 나만의 키워드'에 이어 이번에는 자유주제를 선정하는 상황 속 두 번째 '활동 경험에서 도출한 나만의 키워드'에 대해 합격 선배들의 사례를 뜯어보며 복습해봅시다!

먼저 원리를 복습하고 사례들을 살펴보겠습니다. 활동 경험을 연결해 주제를 선정하는 방법에도 3가지 절차가 있었습니다!

1. 이제까지 진행한 교내 활동 전반에 담긴 '경험'을 떠올려 키워드로 정리하기

   : 교과 수업, 동아리, 특별교육 등 다양한 교내 활동들에 관한 기억을 되살려보면서, 지속적인 '관심'을 보여 줄 키워드들을 정리해보는 단계였습니다.

2. '나만의 키워드'를 주제를 제작하는 '도구 키워드'와 연결하기

   : 총 20개의 키워드가 담긴 표를 보고 탐구해보고 싶은 키워드를 연결해보는 단계였습니다.

주제를 제작하는 '도구 키워드'

학습·개발 ·실행 방법	문제·원인 ·방안	영향	해외사례 비교
정의와 유형	미래 전망	AI, 4차 산업 혁명과의 관계	특징과 사례·적용
수업시간 학습·탐구한개념	관련 이론 ·원리	관련 작품 (영화, 드라마 등)	관련 전문가 의견
관련 시사	관련 실험	관련 법· 정책·제도	관련 도서
하위 학문 (분야)	유사한 개념과 유형	유사한 대상과의 비교	트렌드

3. 연결한 키워드를 검색해보며 탐구주제 구체화하기

  : 검색해서 확인되는 자료를 바탕으로 탐구주제를 구체화해보
   는 단계였습니다.

- 당연히 검색했을 때 한 번에 원하는 결과가 나오지 않을 수 있
  습니다. 이럴 때는 자연스럽게 관련된 정보를 찾거나, 다른 도구
  키워드를 활용하시면 더욱 다양한 주제로 탐구 가능합니다. :)

자! 활동 경험을 통해 나만의 키워드를 도출하는 방법이 새록새록

기억나시나요? 이제는 실제 합격 선배의 예시를 보며 어떻게 적용하는 것인지 이해해봅시다!

합격 선배의 '나만의 키워드' 활용 예시

이번 예시는 '독어교육과'와 '어문계열 교사'라는 진로를 희망했던 선배의 사례입니다.

① 선배에게 주어진 '교과 활동 상황'은 무엇이었는지

② 선배는 어떠한 '나만의 키워드'들을 연결해 주제를 선정했는지

③ 세특에는 어떻게 반영되었는지

확인해보며 나만의 키워드를 활용해 주제를 선정하는 흐름을 이해해봅시다! 그리고 이번에도 마지막 전문가 분석이 있으니, 선배의 활동은 어떠한 점이 좋은 것인지 배워보고 '나는 대학에 어떠한 '관심'을 보여줄까?' 생각해봅시다.

선배에게 주어진 교과 활동 상황

일본어 회화 II 시간
자유롭게 주제를 정해
탐구하고 발표해야 하는 상황

---

1) 교내 활동 전반 중 '나만의 키워드' 정리하기

· 활동 경험 : 진로 탐색 활동 시간 '우리나라의 혁신학교'에 관하여
　　　　　조사한 경험

· 혁신학교(주입식 교육, 입시 중심 교육에서 벗어나 자기 주도적
　학습 능력을 기르는 목적에서 자율적 교육과정을 진행하는 학교
　의 한 형태)

2) '도구 키워드' 선택하기

· 유사한 대상과의 비교

3) 키워드 연결해 검색하기

· 일본의 혁신학교 : 키노쿠니학교 등 '일본의 대안학교'가 존재함을
　　　　　확인

4) 주제 구체화하기

· 일본의 대안학교

5) 세특 복원 예시

진로 탐색 활동에서 우리나라의 혁신학교를 조사한 후, 일본의 학교에도 흥미를 두고 '일본의 대안학교'를 주제로 탐구함. 대안학교의 종류와 목적, 교육과정을 소개하고 한계에 대해 지적하며 해결을 주장함. 이 외에도 다른 나라의 대안학교 제도와 현황을 탐구하고 싶다는 포부를 보임.

실제 합격 선배는 아래와 같이

'나만의 키워드를 연결'하였습니다.

진로 탐색 활동 경험 ＋ 유사한 대상과의 비교
(혁신학교) (일본 대안학교)

학생부종합전형 평가 요소

학업역량	전공적합성	인성	발전가능성
학업성취도	전공 관련 교과옥 이수 및 성취도	협업능력	**자기주도성**
학업태도와 학업의지	**전공에 대한 관심과 이해**	나눔과 배려	경험의 다양성
탐구활동	**전공 관련 활동과 경험**	소통능력	리더십
		도덕성	창의적 문제해결력
		성실성	

위 합격 선배는 진로활동에서 탐구했던 학교 제도에 관하여 유사한 대상과 연결하여 탐구함으로써 '전공 분야와 관련된 지식을 확장하는 모습'을 보여주었습니다.

선배처럼 기존에 탐구했던 내용을 유사한 대상과 연결하여 탐구하는 모습을 보여준다면 '관심 분야에 대한 깊은 호기심'의 측면에서 긍정적으로 평가받을 수 있습니다. 또한 해당 사례는 단순히 조사로만 끝나지 않고 문제점 분석까지 이어진 탐구활동 사례로서, '지식을 확장하기 위해 주도적으로 노력한 경험'의 측면에서도 유의미한 평가를 받을 수 있었던 사례였습니다.

* 색칠된 항목은 활동에 통해 강조된 긍정적 평가항목입니다.

* 다만 대학과 평가관마다 세부 차이가 있을 수 있어 절대적 기준이 아니므로 참고용으로만 활용하시길 바랍니다.

나만의 키워드 3. 이전 학년

드디어 나만의 키워드를 도출하는 마지막 방법 이전 학년 차례입니다. 이번에도 먼저 원리를 복습한 후 합격한 선배 사례들의 사례를 분석해보며 원리를 이해해보겠습니다!

학년을 연결해 주제를 선정하는 방법에도 3가지 절차가 있었습니다!

1. 전(前) 학년 기재사항에 있는 '과거 경험'을 떠올려 키워드로 정리하기

  : 특히 제한사항으로 인해 '아쉬움이 남았던 주제'와 같이 '보충하고 싶은 주제'는 꼭 정리하기로 했었습니다. 상황에 따라 '어려움을 극복하려 노력한 경험'을 보여줄 수도 있기 때문이죠!

2. '나만의 키워드'를 주제를 제작하는 '도구 키워드'와 연결하기

  : 총 20개의 키워드가 담긴 표를 보고 탐구해보고 싶은 키워드를 연결해보는 단계였습니다!

주제를 제작하는 '도구 키워드'

학습·개발 ·실행 방법	문제·원인 ·방안	영향	해외사례 비교
정의와 유형	미래 전망	AI, 4차 산업 혁명과의 관계	특징과 사례·적용
수업시간 학습·탐구한개념	관련 이론 ·원리	관련 작품 (영화, 드라마 등)	관련 전문가 의견
관련 시사	관련 실험	관련 법· 정책·제도	관련 도서
하위 학문 (분야)	유사한 개념과 유형	유사한 대상과의 비교	트렌드

3. 연결한 키워드를 검색해보며 탐구주제 구체화하기

  : 검색해서 확인되는 자료를 바탕으로 탐구주제를 구체화해보
  는 단계였습니다.

• 당연히 검색했을 때 한 번에 원하는 결과가 나오지 않을 수 있
  습니다. 이럴 때는 자연스럽게 관련된 정보를 찾거나, 다른 도구
  키워드를 활용하시면 더욱 다양한 주제로 탐구 가능합니다. :)

두 번째 방법인 활동 경험과 거의 유사하다 보니, 쉽게 따라오셨
으리라 생각합니다! 마지막, 이전 학년 경험을 통해 도출한 '나
만의 키워드' 활용 방법을 실제 합격 선배로 적용해보며 학습해
봅시다!

합격 선배의 '나만의 키워드' 활용 예시

예시는 '한 가지 주제를 학년이 변화함에 따라 다양한 활동 항목'에
서 탐구한 선배의 사례입니다.

① 선배에게 주어진 '교과 활동 상황'은 무엇이었는지,

② 선배는 어떠한 '나만의 키워드' 활용해 주제를 선정했는지

③ 세특에는 어떻게 반영되었는지

확인해보며 '나만의 키워드'를 적용해 주제를 선정하는 흐름을 이해
해봅시다! 그리고 역시나 마지막에 전문가 분석이 있으니, 선배의 활
동 속 좋은 점을 배워보고 '나는 대학에 어떻게 '발전'한 모습을 보여줄
까?' 생각해봅시다.

선배에게 주어진 교과 활동 상황

사회·문화 시간
관심 분야에 관해 보고서를 작성해야 하는 상황

1) 교내 활동 전반 중 '나만의 키워드' 정리하기

· 이전 학년 경험 : 1학년 때 비정규직에 관한 독서 활동 경험, 2학
  년 때 다른 수업 시간 노동인권(노동 환경)을 주제로 발표한 경험

· 비정규직

2) '도구 키워드' 선택하기

· 관련 시사

3) 키워드 연결해 검색하기

· 비정규직 관련 시사 : 비정규직 차별 문제, 인천공항 사례 확인

4) 주제 구체화하기

· 우리나라 비정규직 근로자의 노동 문제
    – 인천 공항 사례를 중심으로

5) 세특 복원 예시

'우리나라 비정규직 근로자의 노동 문제'를 주제로 비정규직과 정규직의 임금, 노동 환경 차별, 정규직 전환 비율을 조사하고 인천공항 사례를 중심으로 분석함. 문제의 해결방안으로 노동과정과 환경에서의 차별 폐지, 사회보험 개선, 저임금 문제해결 등을 주장함.

실제 합격 선배는 아래와 같이

'나만의 키워드를 연결'하였습니다.

| 독서활동, 탐구활동 경험 (비정규직) | **＋** | 관련 시사 (비정규직 차별, 인천공항) |

학생부종합전형 평가 요소

학업역량	전공적합성	인성	발전가능성
학업성취도	전공 관련 교과옥 이수 및 성취도	협업능력	**자기주도성**
학업태도와 학업의지	**전공에 대한 관심과 이해**	나눔과 배려	경험의 다양성
탐구활동	**전공 관련 활동과 경험**	소통능력	리더십
		도덕성	창의적 문제해결력
		성실성	

💡 컨설턴트 의견

위 합격 선배는 1학년부터 독서와 발표 활동을 통해 관심을 보였던 비정규직에 관하여 시사 이슈를 연결해 탐구함으로써 '전공, 진로에 관한 호기심'을 보여주었습니다.

선배처럼 관심 있는 분야에 관하여 다양한 활동으로 지속 탐구하는 모습을 보여준다면 '관심 분야에 관한 깊은 지적 호기심'과 '적극적으로 지식을 확장하는 노력'의 측면에서 긍정적으로 평가받을 수 있습니다.

* 색칠된 항목은 활동에 통해 강조된 긍정적 평가항목입니다.

* 다만 대학과 평가관마다 세부 차이가 있을 수 있어 절대적 기준이 아니므로 참고용으로만 활용하시길 바랍니다.

02

조건이 있을 때,
선배들은 어떻게 했을까?

이번에는 Part 2에서 학습했던 '조건이 부여된 상황'을 해결하는 방법을 복습해보겠습니다! 조건이 부여된 상황을 해결하는 3가지 방법이 있었죠? Part 2에서 학습한 3가지 방법에 대해 원리를 복습하고 실제 합격한 선배들의 사례도 뜯어보면서 다시 한번 방법을 익혀봅시다!

Solution 1. 나만의 키워드를 활용하자!

조건이 부여된 상황을 해결하는 첫 번째 방법은 나만의 키워드를 활용하는 방법이었습니다. 나만의 키워드를 활용하여 조건에 부합하는 주제를 도출하는 방법이었죠. 지금부터 선배의 사례를 통해 복습해봅시다!

1) 조건에 부합하는 나만의 키워드를 활용하라.

나만의 키워드를 활용하는 두 가지 방법 중 첫 번째는 조건에 부합하는 나만의 키워드를 활용하는 것이었습니다. 도출한 나만의 키워드 중 조건에 부합하는 키워드를 활용해 주제를 도출하는 것이 방법의 핵심이었습니다!

자! 그러면 주제를 도출하는 과정을 다시 복습해봅시다. 조건에 부합하는 키워드를 찾아 주제를 도출하는 방법은 3단계의 절차가 있었죠.

1. 정리한 나만의 키워드 중 조건에 부합하는 나만의 키워드 선정하기

2. 선정한 나만의 키워드를 주제를 제작하는 '도구 키워드'와 연결하기
   : 총 20개의 키워드가 담긴 표를 보고 탐구해보고 싶은 키워드를 연결해보는 단계였습니다.

주제를 제작하는 '도구 키워드'

학습·개발 ·실행 방법	문제·원인 ·방안	영향	해외사례 비교
정의와 유형	미래 전망	AI, 4차 산업 혁명과의 관계	특징과 사례·적용
수업시간 학습·탐구한개념	관련 이론 ·원리	관련 작품 (영화, 드라마 등)	관련 전문가 의견
관련 시사	관련 실험	관련 법· 정책·제도	관련 도서
하위 학문 (분야)	유사한 개념과 유형	유사한 대상과의 비교	트렌드

3. 연결한 키워드를 검색해보며 탐구주제 구체화하기

   : 검색해서 확인되는 자료를 바탕으로 탐구주제를 구체화해보
   는 단계였습니다.

· 당연히 검색했을 때 한 번에 원하는 결과가 나오지 않을 수 있
   습니다. 이럴 때는 자연스럽게 관련된 정보를 찾거나, 다른 도구
   키워드를 활용하시면 더욱 다양한 주제로 탐구 가능합니다. :)

조건에 부합하는 나만의 키워드를 활용해 주제를 도출하는 방법, 기

억나셨나요? 이제 실제 합격 선배의 예시를 보며 다시 한번 이해해봅시다!

합격 선배의 '조건에 부합하는 나만의 키워드' 활용 예시

'초등교육과'와 '초등학교 교사'라는 진로를 희망했던 선배의 사례입니다. 선배의 사례를 통해 조건에 부합하는 나만의 키워드를 활용하는 방법을 배워봅시다!

선배에게 주어진 교과 활동 상황

영어 I 시간
'영어' 관련 주제를 자유롭게 선정해
보고서를 작성해야 하는 상황

1) 조건에 포함되는 나만의 키워드 선정하기

· 세계지리 수업 시간 '세계에 질문하기 프로젝트'에서 외국인에게 질문했으나, 실생활에서 사용하는 표현으로 인해 이해하기 어려웠던 경험.

· 실생활 영어

2) '도구 키워드' 선택하기

· 학습 · 개발 · 실행 방법

3) 키워드 연결해 검색하기

· 실생활 영어 학습 방법 : 생활 영어의 특징과 실력 향상을 위한 다양한 방법 확인

4) 주제 구체화하기

· 생활 영어의 특징과 학습 방법

5) 세특 복원 예시

세계지리 시간 외국인과의 소통 경험을 통해 실생활 영어 표현이 평소 알던 영어와 다르다는 것을 알고 생활영어의 특징과 학습 방법을 조사함. 조사를 통해 생활영어는 단순 어휘력 암기뿐만 아니라 직접 말하고 듣는 연습이 중요함을 깨달았으며, 실생활 영어 능력을 기를 개인 계획을 주도적으로 수립함.

실제 합격 선배는 아래와 같이

'조건에 부합하는 나만의 키워드를 연결'하였습니다.

세계지리 교과 활동 경험 　　＋　　 학습・개발・실행 방법
(영어 소통 경험)　　　　　　　(생활영어 학습 방법)

학생부종합전형 평가 요소

학업역량	전공적합성	인성	발전가능성
학업성취도	전공 관련 교과옥 이수 및 성취도	협업능력	**자기주도성**
학업태도와 학업의지	전공에 대한 관심과 이해	나눔과 배려	경험의 다양성
탐구활동	전공 관련 활동과 경험	소통능력	리더십
		도덕성	창의적 문제해결력
		성실성	

💡 컨설턴트 의견

위 합격 선배는 다른 수업 시간에 경험한 '본인의 약점'과 관련된 내용의 학습 방법을 구체적으로 탐구함으로써 '본인의 문제를 해결하려 노력한 모습'을 보여주었습니다.

선배처럼 자신이 겪은 어려움을 극복하기 위해 노력하는 모습을 보여준다면 '본인의 한계를 인식하고 해결하기 위해 주도적으로 노력한 의지'의 측면에서 긍정적으로 평가받을 수 있습니다.

* 색칠된 항목은 활동에 통해 강조된 긍정적 평가항목입니다.
* 다만 대학과 평가관마다 세부 차이가 있을 수 있어 절대적 기준이 아니므로 참고용으로만 활용하시길 바랍니다.

2) 조건을 키워드로 활용하라.

나만의 키워드를 활용하는 또 다른 방법은 주어진 '조건'을 키워드로 활용하는 방법이었습니다. 이번에도 원리에 대한 복습부터 진행해봅시다!

1. 주어진 조건에 맞는 키워드 선정하기

2. 선정한 조건 키워드를 나만의 키워드 중 하나를 선정하여 연결하기

3. 연결한 키워드를 검색해보며 탐구주제 구체화하기
   : 검색해서 확인되는 자료를 바탕으로 탐구주제를 구체화해보는 단계였습니다.

• 당연히 검색했을 때 한 번에 원하는 결과가 나오지 않을 수 있습니다. 이럴 때는 자연스럽게 관련된 정보를 찾거나, 다른 조건 키워드, 나만의 키워드를 활용하시면 더욱 다양한 주제로 탐구 가능합니다. :)

자, 원리에 대해 복습했으니 실제 합격 선배의 사례를 살펴보며 어떻게 적용하는 것인지 이해해봅시다!

합격 선배의 '조건을 키워드로 활용'하는 예시

'정치외교학과'와 '국제 안보 전문가'라는 진로를 희망했던 선배의 사례입니다. 선배의 사례를 통해 조건을 키워드로 활용하는 방법을 다시 한번 복습해봅시다!

선배에게 주어진 교과 활동 상황

영어 독해와 작문
수업 시간에 배운 지문과 연결하여 자유주제
탐구보고서를 작성해야 하는 상황

---

1) 주어진 조건에 맞는 키워드 선정하기

· 영어 독해와 작문 수업시간 배운 지문 중 '정치적 행위의 정보전달력'에 관한 지문을 통해 여러 가지 정치 참여 방법과 효과에 대해 알게 됨.

· 정치 참여

2) 선정한 키워드와 연결할 나만의 키워드 선정하기

· 2학년 동아리 활동 시간에 '우리나라 청소년들의 정치적 무관심'을 주제로 정치의식을 높이기 위한 카드뉴스를 제작함, 2학년 독

서와 문법 시간에 청소년 정치와 관련된 도서를 읽고 서평 쓰기 활동을 진행하며 본인의 견해를 드러냄.

· 청소년 정치

3) 키워드 연결해 검색하기

· 청소년 정치 참여 : 청소년 참여의 정의와 정치 참여 유형과 청소년 정치 참여 현황과 활성화 방안, 개선방안 확인

4) 주제 구체화하기

· 우리나라 청소년 정치 참여 유형과 활성화 방안

5) 세특 복원 예시

'정치적 행위의 정보전달력'에 관한 지문을 읽고 다양한 정치 참여 방법의 효과를 탐구함. 이후 이전부터 관심을 두던 분야인 청소년 정치 참여와 연결하여 '청소년들의 정치 참여 유형과 활성화를 위한 방안'을 주제로 보고서를 작성함.

실제 합격 선배는 아래와 같이

'조건을 키워드'로 활용하였습니다.

정치적 행위의
정보전달력 지문
(정치 참여)

동아리 활동,
교과 탐구활동 경험
(청소년 정치)

학생부종합전형 평가 요소

학업역량	전공적합성	인성	발전가능성
학업성취도	전공 관련 교과옥 이수 및 성취도	협업능력	**자기주도성**
학업태도와 학업의지	**전공에 대한 관심과 이해**	나눔과 배려	경험의 다양성
탐구활동	**전공 관련 활동과 경험**	소통능력	리더십
		도덕성	창의적 문제해결력
		성실성	

💡 컨설턴트 의견

위 합격 선배는 전년도에 동아리 활동과 교과 활동을 통해 관심 보였던 청소년 정치 참여에 관하여 유형과 문제 해결방안을 연결해 탐구함으로써 '관심 분야에 관한 깊은 호기심'을 보여주었습니다.

선배처럼 기존에 탐구했던 내용에 관하여 다방면으로 탐구하는 모습을 보여준다면 '관심 분야에 관한 지적 호기심'과 '적극적으로 지식을 확장한 노력'의 측면에서 긍정적으로 평가받을 수 있습니다.

* 색칠된 항목은 활동에 통해 강조된 긍정적 평가항목입니다.
* 다만 대학과 평가관마다 세부 차이가 있을 수 있어 절대적 기준이 아니므로 참고용으로만 활용하시길 바랍니다.

Solution 2. 활동에 충실하자!

이번에는 Part 2에서 학습했던 '조건이 부여된 상황'에서 해결하는 두 번째 방법을 복습해보겠습니다. 두 번째 방법은 나만의 키워드를 활용할 수 없는 경우, 활동 자체를 차별화하는 '활동 키워드'를 활용하는 방법이었습니다!

자, 그러면 우선 활동 키워드를 활용하는 방법에 대해 다시 복습해 봅시다.

1. 활동 키워드 선택하기

    : 다양한 활동 방식을 모아놓은 활동 키워드가 담긴 표를 보고 진행해보고 싶은 방식을 선택하는 단계였습니다. 편히 보실 수 있도록 활동 키워드를 다음 장에서 다시 보여드리겠습니다.

활동 키워드

카드 뉴스	통계 포스터	인포그래픽	페입랩
기사	시(운문)	소설 · 에세이	서평
신문	UCC	소책자	가이드북
발명	캠페인	모의 수업	모의재판
실험	설문조사	인터뷰	정책 제안
노래	연극	코딩	사업계획서

표에 담긴 다양한 활동 키워드 중 여러분이 희망하는 키워드를 선택해봅시다.

2. 선택한 활동 키워드를 활용해 활동 진행하기

: 다음은 선택한 활동 키워드에 맞게 활동을 진행하는 단계입니다. 자신이 선택한 활동 키워드를 활용해 활동을 진행하며 특색있는 결과물을 도출해볼 수 있습니다.

이렇게 나만의 키워드를 활용할 수 없는 경우, 활동 키워드를 활용한다면 활동 방식에서의 특색을 통해 나만의 활동을 진행해볼 수 있습니다.

자, 활동 키워드를 활용한 조건이 있는 상황 대처 방법에 대해 다시 한번 복습해보았습니다! 그러면 선배들은 어떻게 활동 키워드를 활용하였는지 사례를 통해 학습해보며 활동 키워드에 대해 완벽히 이해해봅시다.

합격 선배의 '활동 키워드' 활용 예시

활동 키워드를 활용한 예시는 '미디어학과'와 관련된 '사회부 기자'를 희망했던 선배의 사례입니다. 선배의 사례를 찬찬히 살펴보며 활동 키워드를 활용하는 방법에 대해 복습해봅시다!

선배에게 주어진 교과 활동 상황

한국사 시간
형식에 구애받지 않고
고려시대의 인물 중 한 명을 선정하여
결과물을 제작해야 하는 상황

---

1) 활동 키워드 선택하기

· UCC

2) 선택한 활동 키워드에 맞는 결과물 도출

· 정몽주의 일생을 주변 인물과의 관계를 중심으로 소개하는 UCC 제작

3) 세특 복원 예시

고려시대 인물을 소개하는 활동 진행 중 반에서 유일하게 UCC를 제작하여 제출함. 영상을 통해 정몽준의 일생을 주변 인물과의 관계를 중심으로 정리하여 고려 말 복잡했던 정세를 한눈에 알기 쉽게 소개함.

실제 합격 선배는 아래와 같이

'활동 키워드를 연결'하였습니다.

주어진 활동
(고려시대 인물 소개)

┼

활동 키워드
(UCC)

학생부종합전형 평가 요소

학업역량	전공적합성	인성	발전가능성
학업성취도	전공 관련 교과목 이수 및 성취도	협업능력	자기주도성
학업태도와 학업의지	전공에 대한 관심과 이해	나눔과 배려	경험의 다양성
탐구활동	전공 관련 활동과 경험	**소통능력**	리더십
		도덕성	**창의적 문제해결력**
		성실성	

위 합격 선배는 UCC를 활용하여 자신만의 독특한 결과물을 만들어냄으로써, '나만의 방식으로 과제를 수행하는 모습'을 보여준 사례였습니다.

선배와 같이 방식에 차별화를 주어 활동을 진행하고 결과물을 도출한다면 '교내 활동 과정을 창의적 발상을 통해 진행한 경험'의 측면에서 긍정적으로 평가받을 수 있습니다.

* 색칠된 항목은 활동에 통해 강조된 긍정적 평가항목입니다.
* 다만 대학과 평가관마다 세부 차이가 있을 수 있어 절대적 기준이 아니므로 참고용으로만 활용하시길 바랍니다.

Solution 3. 학업역량, 발전 가능성, 인성 역량을 강조하자!

자, 벌써 조건이 있는 상황을 해결하는 마지막 방법입니다. 조건이 있는 상황을 해결하는 마지막 방법은 학업역량, 발전 가능성, 인성 역량을 강조하는 방법이었죠. 그리고 그 중 첫 번째는 단체 활동을 활용하는 방법이었습니다!

1) 단체 활동에 참여하라!

단체 활동에 참여할 때는 4가지의 모습을 활용해 학업역량, 발전 가능성, 인성 역량을 강조할 수 있었습니다. 다시 한번 살펴봅시다!

1) 단체의 화합과 목표 달성을 위한 구체적인 모습

2) 자발적인 협력을 통해 목표를 달성하는 모습

3) 다른 팀원의 지식과 의견을 경청하는 모습

4) 다른 팀원을 위해 자신의 것을 나누는 모습

위의 4가지 모습을 통해 학업역량, 발전 가능성, 인성 역량을 강조하는 것이 단체 활동을 활용하는 핵심이었습니다!

자, 단체 활동에 대해 원리를 다시 한번 살펴보았으니 선배들은 어떻게 단체 활동을 활용했는지 바로 실제 합격 선배의 예시를 살펴봅시다!

합격 선배의 '단체 활동' 활용 예시

이번 예시는 '국어국문학과'와 관련된 '방송작가'라는 진로를 희망했던 선배의 사례입니다. 합격 선배의 사례를 통해 단체 활동을 활용에 대한 이해를 높여봅시다!

선배에게 주어진 교과 활동 상황

영어 I 시간
동물 실험에 대한 팀 영어 찬반 토론을
진행해야 하는 상황

---

1) 선배의 활동 모습 살펴보기

· 자발적으로 팀장 역할 지원

· 영어 회화에 두려움이 있는 팀원들을 위해

  – 동물 실험 관련 영 단어 모음집 제작 및 배포

  – 매일 점심시간 영 단어 암기 체크 및 말하기 연습 주도

· 반에서 진행한 팀 평가에서 가장 높은 점수 획득

2) 세특 복원 예시

동물 실험에 대한 팀 토론을 수행하며 헌신적인 팀장의 모습을 보여줌. 영어 토론에 어려움을 겪는 팀원을 위해 주제 관련 영 단어 모음집을 제작해 나눠줌. 이를 점심시간마다 체크하고 토론을 위한 말하기 연습을 주도함. 그 결과 토론 이후 진행한 팀 평가에서 최우수 팀으로 선정됨.

실제 합격 선배는 아래와 같이

'단체 활동'을 활용하였습니다.

주어진 상황   ＋   단체 활동
(영어 팀 토론)   (주도적인 팀장 역할)

학생부종합전형 평가 요소

학업역량	전공적합성	인성	발전가능성
학업성취도	전공 관련 교과옥 이수 및 성취도	**협업능력**	자기주도성
학업태도와 학업의지	전공에 대한 관심과 이해	**나눔과 배려**	경험의 다양성
탐구활동	전공 관련 활동과 경험	소통능력	**리더십**
		도덕성	**창의적 문제해결력**
		성실성	

💡 컨설턴트 의견

위 합격 선배 활동 사례는 동물실험 영어 토론이라는 정해진 활동에서 팀장으로서 팀원들이 어려움을 겪는 부분의 해결책을 모색하는 모습을 통해 '팀에서 발생한 어려움을 적극적으로 해결하려는 모습'을 보여준 사례였습니다.

사례처럼 단체 활동에서 단체의 문제점을 해결하고, 목표를 위해 적극적으로 임하는 모습은 '단체의 화합과 목표를 위해 노력하는 모습', '자발적인 협력을 통해 공동 과제를 완성하는 모습'의 측면에서 긍정적으로 평가받을 수 있습니다. 또한 해당 사례는 팀의 문제점을 해결하기 위해 '자발적으로 관련 분야의 영단어를 수집해 나눠주는 모습'이 드러나 '타인을 위해 자신의 것을 나누고자 한 경험'의 측면에서도 유의미한 평가를 받을 수 있었던 사례입니다.

* 색칠된 항목은 활동에 통해 강조된 긍정적 평가항목입니다.

* 다만 대학과 평가관마다 세부 차이가 있을 수 있어 절대적 기준이 아니므로 참고용으로만 활용하시길 바랍니다.

2) 다양하게 소통하라!

학업역량, 발전 가능성, 인성 역량을 강조하기 위한 두 번째 방법은 다양한 소통을 하는 것이었죠.

우선 Part 3에서 살펴본 내용에 대해 복습하고 예시를 살펴보겠습니다. 다양하게 소통하는 방법에는 크게 세 가지가 있었습니다!

1) 다른 팀원의 지식과 의견을 경청하는 방법

2) 자신의 의견을 논리적으로 전달하는 방법

3) 새로운 지식과 사고방식을 적극적으로 받아들이는 방법

위의 세 가지 방법을 활동에서 활용하여 소통 능력을 강조하는 것이, 소통 활용의 핵심이었습니다.

자, 이제 복습도 진행했으니 선배들은 과연 어떻게 소통을 진행했는지 실제 합격 선배의 사례로 학습해봅시다!

합격 선배의 '소통' 활용 예시

이번 예시는 '전자전기공학과'와 관련된 '전기자동차연구원'이라는 진로를 희망했던 선배의 사례입니다. 합격 선배의 사례를 통해 소통에 대해 한 번 더 이해해봅시다!

선배에게 주어진 교과 활동 상황

생명과학II 시간
조별로 주어진 단원(세포호흡과 광합성)의
학습 내용을 정리해 발표해야 하는 상황

1) 선배의 활동 모습 살펴보기

· 발표자 역할 수행

· 발표내용에 대한 청중들의 이해와 집중도를 높이기 위해 글보다는
  삽화 중심의 PPT를 구성

· 발표 간, 그림 위주인 자료를 부연하기 위해 최대한 쉬운 용어와 예
  시를 활용해 차분하게 설명

2) 세특 복원 예시

생명과학II 조별 프리젠테이션 활동에서 세포호흡과 광합성 단원의
발표자를 맡아 청중들이 이해하기 쉬운 말하기를 구사함. 특히 발표내
용을 한눈에 알아볼 수 있는 그림 위주의 PPT 구성과 이를 뒷받침할 탄
탄하고 논리적인 설명으로 발표를 진행한 점이 인상적임. 또한 발표를
준비하는 과정에서 팀원 개개인의 역량을 고려한 역할 배분을 제시하
여 완성도 높은 발표를 완성함.

실제 합격 선배는 아래와 같이

'소통'을 활용하였습니다.

주어진 상황	+	소통
(생명과학 II 발표)		(청중을 고려한 발표)

학생부종합전형 평가 요소

학업역량	전공적합성	인성	발전가능성
학업성취도	전공 관련 교과옥 이수 및 성취도	협업능력	자기주도성
학업태도와 학업의지	전공에 대한 관심과 이해	나눔과 배려	경험의 다양성
탐구활동	전공 관련 활동과 경험	**소통능력**	**리더십**
		도덕성	창의적 문제해결력
		성실성	

위 합격 선배 활동 사례는 생명과학 II 조별 발표를 진행하며 청중을 이해도를 높이기 위한 PPT와 발표를 구성하는 모습을 통해 '소통능력'을 보여준 사례였습니다.

사례처럼 발표내용을 효과적으로 전달하기 위한 노력은 '자신의 의견을 효과적이고 논리적, 체계적으로 표현하는 모습'의 측면에 유의미한 평가를 받을 수 있습니다.

* 색칠된 항목은 활동에 통해 강조된 긍정적 평가항목입니다.
* 다만 대학과 평가관마다 세부 차이가 있을 수 있어 절대적 기준이 아니므로 참고용으로만 활용하시길 바랍니다.

3) 도서를 활용하라!

벌써 학업역량, 발전 가능성, 인성 역량을 강조하는 마지막 방법입니다! 마지막 방법은 도서를 활용하는 방법이었죠.

도서는 자신의 교과 학습 내용, 관심 분야 등 다양한 지적 호기심을 확장하기 위한 수단으로 활용하는 것이 중요했습니다.

즉 탐구활동을 진행하며 생긴 다양한 호기심을 도서를 활용해 해결하고 지식의 폭을 확장하는 모습을 보여주는 것이 도서를 활용하는 핵심이었습니다!

자, 그렇다면 선배들은 도서를 어떻게 활용하여 지적 호기심을 확장했는지 사례를 통해 살펴봅시다!

합격 선배의 '도서' 활용 예시

도서 활용 예시는 '정치외교학과'에 진학하여 'UN 등 국제기구 직원'을 희망했던 선배의 사례입니다. 과연 선배는 어떻게 도서를 활용했는지 살펴보며 배운 내용을 적용해봅시다!

선배에게 주어진 교과 활동 상황

사회문화 시간
노년층 정보격차에 대한 칼럼을
작성해야 하는 상황

1) 선배의 활동 모습 살펴보기

· 자료 조사를 통해 노년층 정보격차의 해결책 중 하나가 미디어 교육임을 접함

· 해당 내용에 대한 심화 내용을 탐구해보고자 '노인과 스마트 미디어 교육'이라는 도서를 읽음

· 도서를 통해 학습한 노인과 노인 미디어 교육에 대한 이해를 바탕으로 자신만의 미디어 교육안 제시

2) 세특 복원 예시

노년층 정보격차에 대한 칼럼 쓰기를 준비하며 노년층 정보격차의 해결책 중 미디어 교육을 접하고 구체적인 내용을 탐구하고자 '노인과 스마트 미디어 교육(장유정)'을 읽음. 이를 통해 노인 미디어 교육은 접근과 활용 측면의 교육이 중요함을 깨닫고 자신만의 교육안을 제시함.

실제 합격 선배는 아래와 같이

'도서'를 활용하였습니다.

주어진 상황
(노년층 정보격차
칼럼 작성)
$+$
도서
(노인 미디어 교육 관련 독서)

학생부종합전형 평가 요소

학업역량	전공적합성	인성	발전가능성
학업성취도	전공 관련 교과옥 이수 및 성취도	협업능력	**자기주도성**
학업태도와 학업의지	전공에 대한 관심과 이해	나눔과 배려	**경험의 다양성**
탐구활동	전공 관련 활동과 경험	소통능력	리더십
		도덕성	창의적 문제해결력
		성실성	

위 합격 선배 활동 사례는 노년층 정보격차 칼럼 작성이라는 주어진 활동 내에서 관련 도서를 활용함으로써 '주도적으로 도서를 활용해 지식의 폭을 확장하는 모습'을 보여주었습니다.

선배처럼 활동 간 생긴 호기심을 해결하고자 도서를 활용하는 모습을 보여준다면 '독서를 통해 다양한 영역에서 지식과 소양을 쌓은 모습' 측면에서 긍정적으로 평가받을 수 있습니다.

* 색칠된 항목은 활동에 통해 강조된 긍정적 평가항목입니다.
* 다만 대학과 평가관마다 세부 차이가 있을 수 있어 절대적 기준이 아니므로 참고용으로만 활용하시길 바랍니다.

03

학업역량, 발전 가능성, 인성,
선배들은 어떻게 강조했을까?

　이번에는 Part 3에서 학습한 학업역량, 발전 가능성, 인성 역량을 강조하는 방법에 대해 복습해보겠습니다. 탐구활동과 평소 수업 시간을 활용해 학업역량, 발전 가능성, 인성 역량을 강조하는 방법에 대해 실제 합격 선배의 사례를 통해 다시 한번 살펴봅시다!

1. 탐구활동에서 강조하자!

첫 번째는 탐구활동에서 학업역량, 발전 가능성, 인성 역량을 강조하는 방법입니다!

직전 탐구활동 중 조건이 있는 상황에서 복습한 세 가지 방법(단체 활동, 소통, 독서)은 조건이 있는 상황뿐만 아니라 탐구활동 전반에서 활용이 가능한 방법이었습니다. 활용범위가 넓은 방법인 만큼 탐구활동에서 강조하는 방법에 대해 합격 선배 사례를 살펴보며 다시금 완벽하게 익혀봅시다!

1) 단체 활동에 참여하라!

첫 번째 단체 활동은 크게 4가지의 모습을 통해 학업역량, 발전 가능성, 인성 역량을 강조할 수 있었죠!

1) 단체의 화합과 목표 달성을 위한 구체적인 모습

2) 자발적인 협력을 통해 목표를 달성하는 모습

3) 다른 팀원의 지식과 의견을 경청하는 모습

4) 다른 팀원을 위해 자신의 것을 나누는 모습

단체 활동에 관한 내용은 이전에 살펴본 조건이 있는 상황에서도 다뤄 본 만큼, 바로 실제 합격 선배의 사례를 통해 단체 활동에 대해 다시 한번 복습해봅시다.

합격 선배의 '단체 활동' 활용 예시

이번 예시는 '국어국문학과'와 관련된 '방송작가'라는 진로를 희망했던 선배의 사례로 조건이 있는 탐구활동 상황입니다. 자유주제보다 상대적으로 까다로운 조건이 있는 상황을 완벽히 이해한다면 자유주제는 더욱 쉽게 적용해볼 수 있겠죠? 자! 그렇다면 바로 단체 활동을 활용한 선배의 사례를 살펴봅시다!

선배에게 주어진 교과 활동 상황

문학 시간
조선시대부터 현대의 문학가 중 한 명을 선택해
문학가의 생애를 소개하는
조별 문학 신문을 제작해야 하는 상황

---

1) 선배의 활동 모습 살펴보기

· 조원들과 회의를 통해 윤동주를 선정하고 윤동주의 문학 작품을 중심으로 생애를 소개하기로 합의

· 신문지면 배분에 대해 갈등이 발생하자 팀원들을 모아 해결책 도출하는 자리 마련

  – 문학 작품을 중심으로 생애를 조명하기로 한 만큼 문학 작품 파트에 더 많은 지면을 할애해야 한다는 의견을 제시하여 갈등 해결.

2) 세특 복원 예시

조별 문학 신문 만들기 활동에 적극적으로 참여하여 윤동주의 생애를 문학 작품을 중심으로 소개함. 신문을 만드는 과정에서 지면 배분으로 인한 갈등이 발생하자 조원들의 의견을 충분히 경청한 후, 문학 작품을 중심으로 신문을 구성하기로 했으므로 문학 작품 위주로 지면을 배분하는 해결책을 제시함.

실제 합격 선배는 아래와 같이

'단체 활동'을 활용하였습니다.

주어진 상황
(문학 신문 제작)

$+$

단체 활동
(목표 달성을 위한 주도적 모습)

학생부종합전형 평가 요소

학업역량	전공적합성	인성	발전가능성
학업성취도	전공 관련 교과옥 이수 및 성취도	**협업능력**	자기주도성
학업태도와 학업의지	**전공에 대한 관심과 이해**	나눔과 배려	경험의 다양성
탐구활동	**전공 관련 활동과 경험**	**소통능력**	**리더십**
		도덕성	창의적 문제해결력
		성실성	

💡 컨설턴트 의견

위 합격 선배 활동 사례는 조별 문학 신문 만들기 활동에서 팀의 갈등을 적극적으로 해결해나가는 과정을 통해 '공동체의 목표 달성을 위한 구체적인 행동'을 보여준 사례였습니다.

사례처럼 단체 활동 간 발생한 갈등을 해결하기 위해 적극적으로 해결책을 제시하는 모습은 '단체의 화합과 목표를 위해 노력하는 모습', '자발적인 협력을 통해 공동과제를 완성하는 모습'의 측면에서 긍정적으로 평가받을 수 있습니다. 또한 조원들의 의견을 경청하는 모습은 '다른 팀원의 지식과 의견을 경청하는 모습'의 측면에서도 유의미한 평가를 받을 수 있었던 사례입니다.

* 색칠된 항목은 활동에 통해 강조된 긍정적 평가항목입니다.

* 다만 대학과 평가관마다 세부 차이가 있을 수 있어 절대적 기준이 아니므로 참고용으로만 활용하시길 바랍니다.

2) 다양하게 소통하라!

학업역량, 발전 가능성, 인성 역량을 강조하기 위한 두 번째 방법은 다양하게 소통하는 것이었습니다! 그리고 소통의 방법에는 세 가지가 있었죠!

1) 다른 팀원의 지식과 의견을 경청하는 방법

2) 자신의 의견을 논리적으로 전달하는 방법

3) 새로운 지식과 사고방식을 적극적으로 받아들이는 방법

자, 그러면 이번에도 합격 선배의 사례를 통해 활동에서 어떻게 소통 능력을 강조했는지 살펴봅시다!

합격 선배의 '소통' 활용 예시

이번 예시는 '법학과'에 진학하여 '인권 변호사'라는 진로를 희망했던 선배의 사례입니다. 이번에도 자유주제보다 상대적으로 까다로운 조건이 있는 상황 사례를 통해 소통 방법에 대해 복습해봅시다!

선배에게 주어진 교과 활동 상황

정치와 법 시간
법 하나를 선정해 발표해야 하는 상황

1) 선배의 활동 모습 살펴보기

· 평소에 관심이 있던 '김영란법'을 주제로 선정

· 법적인 내용만을 이야기하면 이해도 어렵고 흥미를 느끼기 어려울 것
으로 판단하여, 김영란법으로 처벌받은 다양한 사례를 준비해 발표

· 발표 간 영상, 기사 등 다양한 방식의 예시 자료를 활용하여 발표 진행

2) 세특 복원 예시

'김영란법'을 주제로 발표를 진행함. 김영란법의 등장 배경, 특징과
김영란법에 대한 전문가의 의견을 참고해 자신만의 개선점을 제시함.
발표내용 중 법의 처벌기준 파트에서 다양한 영상과 기사 사례를 활용
하여 청중들이 쉽게 느낄 수 있도록 구성함.

실제 합격 선배는 아래와 같이

'소통'을 활용하였습니다.

| 주어진 상황
(정치와 법 발표) | ＋ | 소통
(예시 활용) |

학생부종합전형 평가 요소

학업역량	전공적합성	인성	발전가능성
학업성취도	전공 관련 교과옥 이수 및 성취도	협업능력	자기주도성
학업태도와 학업의지	**전공에 대한 관심과 이해**	나눔과 배려	경험의 다양성
탐구활동	**전공 관련 활동과 경험**	**소통능력**	리더십
		도덕성	창의적 문제해결력
		성실성	

위 합격 선배 활동 사례는 정치와 법 발표를 진행하며 법의 처벌기준을 단순히 있는 그대로 설명하기보다는 이해를 높이기 위해 다양한 예시를 활용함으로써 '자신의 의견을 효과적으로 제시한 모습'을 보여준 사례였습니다.

사례처럼 듣는 이를 고려한 발표를 구성하기 위한 노력을 통해 '자신의 의견을 효과적이고 논리적, 체계적으로 표현하는 모습'의 측면에 유의미한 평가를 받을 수 있습니다.

* 색칠된 항목은 활동에 통해 강조된 긍정적 평가항목입니다.
* 다만 대학과 평가관마다 세부 차이가 있을 수 있어 절대적 기준이 아니므로 참고용으로만 활용하시길 바랍니다.

3) 도서를 활용하라!

학업역량, 발전 가능성, 인성 역량을 강조하는 마지막 방법은 도서를 활용하는 방법습니다!

도서는 주도적으로 교과, 전공 지식을 확장하기 위한 수단으로 활용하는 것이 중요했죠.

이젠 선배의 사례를 살펴볼 차례입니다! 선배는 주어진 교과 활동 상황에서 도서를 어떻게 활용했는지 확인해봅시다.

합격 선배의 '도서' 활용 예시

이번 예시는 '영어영문학과'에 진학하여 '영미 콘텐츠 분석가'를 희망하는 선배의 사례입니다. 도서 활용 방법 역시 조건이 있는 상황을 통해 복습을 진행해봅시다!

선배에게 주어진 교과 활동 상황

영어 I
영미문학작품 중 하나를 자유롭게 선정하여
보고서를 작성해야 하는 상황

---

1) 선배의 활동 모습 살펴보기

· 평소 관심 있던 '동물농장(조지 오웰)' 선정

· 동물농장에 대해 조사를 진행하던 중, 동일 작가의 다른 유명작품
  이 많은 것을 알게 되어 '1984(조지 오웰)', '멋진 신세계(조지 오
  웰)'을 추가로 읽음

· 두 권의 추가 도서를 바탕으로 조지 오웰의 전반적인 작품 스타일
  을 이해하고 '1984', '멋진 신세계'와 비교되는 '동물농장'만의 작품
  특징을 도출함.

2) 세특 복원 예시

평소 영미문학에 관심이 많은 학생으로 '동물농장(조지 오웰)'을 읽
고 소개하는 보고서를 작성함. 보고서 작성 간 선정 작품을 넘어 작가의
작품 스타일을 깊이 있게 알아보고자 '1984(조지 오웰)'와 '멋진 신세계
(조지 오웰)'을 추가로 읽음. 이를 바탕으로 조지 오웰의 작품 스타일과
다른 작품과 비교되는 동물농장 만의 특징을 도출하는 등 영미문학에
대해 깊이 있게 알아가는 모습을 보임.

실제 합격 선배는 아래와 같이

'도서'를 활용하였습니다.

주어진 상황 ✚ 도서
(영미문학작품 보고서)　　　　　(동일 작가의 다른 작품)

학생부종합전형 평가 요소

학업역량	전공적합성	인성	발전가능성
학업성취도	전공 관련 교과목 이수 및 성취도	협업능력	**자기주도성**
학업태도와 학업의지	**전공에 대한 관심과 이해**	나눔과 배려	**경험의 다양성**
탐구활동	**전공 관련 활동과 경험**	소통능력	리더십
		도덕성	창의적 문제해결력
		성실성	

위 합격 선배 활동 사례는 영미문학작품을 소개하는 보고서를 작성하며, 동일 작가의 다른 작품을 주도적으로 추가 읽으며 '주도적으로 도서를 활용해 지식의 폭을 확장하는 모습'을 보여주었습니다.

선배의 사례처럼 활동을 진행하며 생긴 호기심을 도서를 활용해 해결하는 모습은 '독서를 통해 다양한 영역에서 지식과 소양을 쌓은 모습' 측면에서 긍정적으로 평가받을 수 있습니다. 또한 해당 사례는 본인의 희망 전공과 관련된 도서를 활용하여 지식의 폭을 넓히며 '전공 연구 분야에 관한 지식을 확장하는 모습' 측면에서 유의미한 평가를 받을 수 있습니다.

* 색칠된 항목은 활동에 통해 강조된 긍정적 평가항목입니다.

* 다만 대학과 평가관마다 세부 차이가 있을 수 있어 절대적 기준이 아니므로 참고용으로만 활용하시길 바랍니다.

2. 수업 시간에 강조하자!

자! 지금까지는 탐구활동에서 학업역량, 발전 가능성, 인성 역량을 강조하는 방법에 대해 복습했습니다. 그렇다면 이번엔 탐구활동이 아닌 평소 수업 시간을 활용해 학업역량, 발전 가능성, 인성 역량을 강조하는 방법을 살펴봐야겠죠! 이번에도 실제 선배의 사례를 통해 선배들은 평소 수업 시간을 어떻게 활용하여 세 가지 역량을 강조했는지 알아봅시다!

1) 다양한 역할에 참여하라!

평소 수업 시간을 활용하는 첫 번째 방법은 다양한 역할에 참여하는 방법이었습니다! Part 3에서 이야기했듯이 수업 시간에는 교과부장, 교과 도우미, 조장 등 활약할 수 있는 다양한 역할이 존재하죠.

이러한 역할은 자신이 속한 공동체의 긍정적 영향과 목표 달성을 위해 할 수 있는 일을 고민하고 구체적인 활동을 진행하는 것이 중요했습니다!

자, 그렇다면 선배의 예시 차례겠죠! 선배의 사례를 활용하여 배운 내용을 다시 한번 복습해봅시다.

합격 선배의 '역할' 활용 예시

역할을 활용한 예시는 '경영학과'에 진학하여 'IT기업 창업'을 희망하는 선배의 사례입니다. 선배는 역할을 어떻게 활용하여 역량을 강조했는지 살펴봅시다!

선배에게 주어진 교과 활동 상황

사회문제탐구
교과 도우미로 선정되어 활동해야 하는 상황

---

1) 선배의 활동 모습 살펴보기

· 학생들이 다양한 사회문제를 접할 수 있도록 매주 월요일 아침마다 지난주에 있었던 주요 사회문제를 정리해 과목 온라인 채팅방에 업로드.

· 선생님의 전달 사항과 유인물을 놓치지 않고 학생들에게 전달

2) 세특 복원 예시

과목 도우미로 교사의 전달 사항과 유인물을 빠짐없이 전달하며 성실히 활동함. 특히 교사가 따로 시키지 않았음에도 한 학기 동안 매주 월요일 아침마다 한 주간 발생한 주요 사회문제를 정리해 채팅방에 업로드하여 친구들이 다양한 사회문제를 접할 수 있도록 도움.

실제 합격 선배는 아래와 같이

'역할'을 활용하였습니다.

주어진 상황		구체적 활동
(교과 도우미)	✛	(정기적 자료 업로드)

학생부종합전형 평가 요소

학업역량	전공적합성	인성	발전가능성
학업성취도	전공 관련 교과옥 이수 및 성취도	협업능력	자기주도성
학업태도와 학업의지	전공에 대한 관심과 이해	**나눔과 배려**	경험의 다양성
탐구활동	전공 관련 활동과 경험	소통능력	**리더십**
		도덕성	창의적 문제해결력
		성실성	

위 합격 선배 활동 사례는 과목 도우미로써 선생님이 지시한 사항을 성실히 이행함은 물론, 자발적으로 친구들을 위해 구체적인 활동을 진행함으로써 '공동체를 위한 자발적 행동'을 보여준 사례였습니다.

사례처럼 역할을 맡아 수행하며 공동체를 위한 구체적인 활동을 진행하는 모습은 '타인을 위해 자신의 것을 나누는 모습'에서 긍정적인 평가를 받을 수 있습니다. 또한 해당 사례는 한 학기 동안 꾸준히 해당 활동을 지속하는 모습을 통해 '꾸준하고 일관된 모습으로 노력한 경험'에서 유의미한 평가를 받을 수 있었던 사례입니다.

* 색칠된 항목은 활동에 통해 강조된 긍정적 평가항목입니다.
* 다만 대학과 평가관마다 세부 차이가 있을 수 있어 절대적 기준이 아니므로 참고용으로만 활용하시길 바랍니다.

2) 자발적으로 행동하라!

수업 시간에 학업역량, 발전 가능성, 인성 역량을 강조하는 두 번째 방법은 자발적인 행동이었습니다! 우리는 Part 3에서 자발적인 질문과 호기심을 해결하는 과정을 통해

- **학업태도와 학업의지**
- **자기주도성**
- **나눔과 배려**

등 학업역량, 발전 가능성, 인성 역량의 세부 항목에서 유의미한 평가 근거가 될 수 있다는 것을 배웠습니다!

복습도 진행했으니, 배운 내용에 대해서 선배들이 자발적인 행동을 활용하여 역량을 강조한 사례를 통해 한 번 더 살펴봅시다!

합격 선배의 '자발적 행동' 활용 예시

이번 예시는 '산업공학과'에 진학하여 '금융상품 개발자'라는 진로를 희망하는 선배의 '수학 I' 교과 수업 사례입니다. 선배 사례를 통해 자발적 모습을 활용하는 방법에 대해 복습을 진행해봅시다!

1) 선배의 활동 모습 살펴보기

· 선생님이 제시한 문제에 대해 항상 손을 들고 나가 적극적으로 문제를 풀이함.

· 모르는 문제가 있으면 이해가 갈 때까지 선생님과 주변 친구들에게 질문함.

2) 세특 복원 예시

교사의 문제 풀이 요청에 1년간 가장 많이 참여한 학생임. 항상 자신감 있게 나와 문제를 풀이하며 틀린 부분이 있더라도 적극적으로 개선하려는 모습을 보임. 특히 모르는 개념이 생기면 교사와 친구들에게 말끔히 이해될 때까지 묻는 모습을 보이는 등 열정이 느껴지는 학생임.

실제 합격 선배는 아래와 같이

'자발적 활동'을 활용하였습니다.

주어진 상황	┼	자발적 활동
(수학 I)		(적극적 질문과 참여)

학생부종합전형 평가 요소

학업역량	전공적합성	인성	발전가능성
학업성취도	전공 관련 교과옥 이수 및 성취도	협업능력	**자기주도성**
학업태도와 학업의지	전공에 대한 관심과 이해	나눔과 배려	경험의 다양성
탐구활동	전공 관련 활동과 경험	소통능력	리더십
		도덕성	창의적 문제해결력
		성실성	

위 합격 선배 활동 사례는 선생님의 질문에 적극적으로 대답하고 모르는 교과 내용을 해결하기 위해 노력함으로써 '교과 수업에서의 적극적인 모습'과 '자발적인 성취동기로 깊게 학습하려는 의지'를 보여주었습니다.

사례처럼 교과 수업 내에서 적극으로 참여하고, 모르는 교과 지식을 습득하기 위해 자발적으로 행동하는 모습은 '새로운 지식을 획득하기 위한 자기 주도적인 태도와 노력', '교과 수업에서 적극적이고 집중력이 있는 태고'의 측면에서 긍정적인 평가를 받을 수 있습니다.

* 색칠된 항목은 활동에 통해 강조된 긍정적 평가항목입니다.

* 다만 대학과 평가관마다 세부 차이가 있을 수 있어 절대적 기준이 아니므로 참고용으로만 활용하시길 바랍니다.

3) 예체능 영역에 적극적으로 참여하라!

자, 이제 마지막입니다! 학업역량, 발전 가능성, 인성 역량을 강조하기 위한 마지막 방법은 예체능 영역에서의 적극적인 참여였습니다.

소홀하기 예체능 영역에서 적극적으로 참여함으로써

· **경험의 다양성**

등 학업역량, 발전 가능성, 인성 역량의 세부 항목에서 유의미한 평가 근거가 될 수 있음을 학습했었죠!

그럼 이제 마지막 선배 사례를 통해 예체능 영역에 적극적으로 참여하는 방법에 대해 복습해보겠습니다.

합격 선배의 '예체능 영역' 활용 예시

마지막 예시는 '미디어학과'에 진학하여 '예능PD'라는 진로를 희망하는 선배의 사례입니다. 선배는 과연 어떻게 예체능 시간을 활용했는지 살펴봅시다!

선배에게 주어진 교과 활동 상황

체육 시간
배구 토스 수행평가를 준비해야 하는 상황

1) 선배의 활동 모습 살펴보기

· 배구 토스에 어려움을 겪자 매일 점심시간 15분씩 꾸준하게 토스 연습을 진행함.

· 꾸준한 연습을 통해 향상된 실력을 바탕으로 반 친구들에게 비법을 전수함.

2) 세특 복원 예시

배구 수행평가를 준비하며 토스에 어려움을 느껴 교사에게 질의함. 연습만이 답이라는 답변을 듣고 매일 점심시간을 연습에 활용해 괄목할 만한 실력 향상을 이룸. 이에 그치지 않고 다른 친구들의 실력 향상을 위해 비법을 전수하며 세심히 지도하는 모습에서 따뜻한 마음씨를 엿볼 수 있음.

실제 합격 선배는 아래와 같이

'예체능 영역'을 활용하였습니다.

주어진 상황 ╋ 적극적 참여
(배구 수행평가)   (꾸준한 연습, 비법 전수)

학생부종합전형 평가 요소

학업역량	전공적합성	인성	발전가능성
학업성취도	전공 관련 교과옥 이수 및 성취도	협업능력	자기주도성
학업태도와 학업의지	전공에 대한 관심과 이해	**나눔과 배려**	**경험의 다양성**
탐구활동	전공 관련 활동과 경험	소통능력	리더십
		도덕성	창의적 문제해결력
		성실성	

위 합격 선배 활동 사례는 체육 수행평가에 적극적으로 참여함으로써 '예체능 영역의 과제를 성실히 수행하는 모습'을 보여주었습니다.

사례처럼 예체능 영역에 적극적으로 참여하는 모습은 '예체능 영역에서 적극적이고 성실하게 참여하는 모습'의 측면에서 긍정적으로 평가될 수 있습니다.

* 색칠된 항목은 활동에 통해 강조된 긍정적 평가항목입니다.

* 다만 대학과 평가관마다 세부 차이가 있을 수 있어 절대적 기준이 아니므로 참고용으로만 활용하시길 바랍니다.

지금까지 Part 4를 통해 합격 선배의 사례를 살펴보며 Part 2와 Part 3에서 배운 내용을 복습하는 시간을 가져보았습니다. 이제는 완벽하게 학습한 내용을 바탕으로 직접 학교생활에 적용하는 일만 남았습니다!

자, 배운 내용을 학교생활에 적용하기 전! 이번 도서 집필한 선배들이 여러분들을 위해 작성한 학교생활 노하우를 다음 장에 준비해놓았습니다. 선배들의 생생한 경험이 담긴 노하우를 활용하여 여러분만의 역량을 강조할 수 있는 학교생활을 만들어나가 봅시다!

Part. 5

실제 합격자 정보 훔치기

실제 합격자 정보 훔치기

Part 2, 3, 4를 통해 학습한 내용들은 완벽히 이해하셨나요? 이제는 '내 학생부, 내 세특에 들어갈 활동들은 어떻게 만들까?' 기대도 되시겠지요.

이번 Part 5에서는 이번 도서 집필에 참여한 합격 선배들의 이야기를 소개해드리려 합니다. 선배들이 여러분들을 위해 '이렇게 학생부를 관리하니 좋았다.'라는 경험과 '대학에 와보니 이런 전공 관련 주제들도 탐구해보면 좋았겠다.'라는 생각을 담아 '세특관리 노하우'와 '100가지 탐구주제'를 전달해주었습니다.

선배들의 노하우와 100가지 탐구주제를 활용해 우리도! 우리만의 역량이 가득 담긴 세특을 통해 '목표대학에 합격'해 봅시다!

01

합격 선배들이 말해주는
세특 관리 노하우!

세특 관리 노하우 1.
남들과는 색다르게 활동해보자!

　선배들은 학교에서 수행평가 등 활동을 진행할 때, 남들과는 차별화
된 방법으로 도전해보고자 노력했습니다.

　같은 학습 활동을 진행하더라도 선배들처럼 자신만의 방법으로 정

보를 찾거나, 도전한 경험은 스스로 성장하는 데 도움이 됩니다. 심지어 '교내 활동에 적극적으로 참여한 모습', '창의적인 방식으로 문제를 해결해보고자 한 노력'도 학교생활기록부에 녹일 수 있으니 평가에도 유의미한 활동이 될 수 있습니다.

남들과 색다른 활동을 위해 노력한 합격 선배들의 학교생활을 살펴보면서 우리는 다른 학생들과 차별화한 활동을 어떻게 만들어볼지 고민해봅시다.

색다르게 활동해보자! 합격 선배의 학교생활 1.

저는 사실 좋아하는 것도, 잘하는 것도 없는 학생이었습니다. 흥미도, 취미도 없었거든요. 그냥 학교에서 시키는 대로, 친구들 하는 대로 묵묵히 따라가기만 했었습니다. 그렇게 1학년을 거의 모두 보낸 것 같아요. 하지만 그러고 나니 남는 게 하나도 없더라고요. 그때부터 다짐한 것이, "친구들과 약간만 다르게 해볼까?" 하는 것이었습니다. 전공 관련이 아니더라도 조금만 특이하게, 조금만 특별하게 해보려 했습니다. 다들 PPT를 만들 때 저는 영상을 만들고, 다들 인터넷 검색을 할 때 저는 신문을 보거나 동아리 활동 자료를 다시 봤습니다. 그렇게 다른 친구들과는 차별화된 활동들을 진행하며 더욱 다양한 지식들을 배울 수 있었던 것 같습니다. 그리고 이러한 내용들이 학교생활기록부에 반영되었고, 제가 합격하는 데 강점이 되었다고 생각합니다.

색다르게 활동해보자! 합격 선배의 학교생활 2.

'창의성'을 보여주는 활동에 집중해야 한다고 생각했습니다. 평범한 활동은 수많은 서류를 보는 평가자의 눈길을 끌지 못할 것 같았기에, 한 가지 활동을 하더라도 남들과 차별화되는 참신한 방법으로 교과 활동을 해야 할 필요성이 있다고 생각했습니다.

예를 들면, 1학년 세계지리 시간에 '시리아 난민과 난민 수용에 대한 여러 나라의 입장은?'이라는 주제로 진행했던 장기 프로젝트를 창의적인 발상으로, 성공적으로 이끌었던 경험이 있습니다. 난민 문제에 대해 탐구하는 활동 속에서 저는 다른 학생들과는 다르게 다양한 방법을 동원하여 끊임없이 정보를 탐색하고자 노력했습니다. 난민 문제에 처한 당국들의 입장을 얻어내기 위해서 다각적으로 노력했는데, 특히 대사관으로부터 유의미한 답변을 받기 어렵다는 것을 알게 된 후 청소년 질문 민원란에 질문을 제시하고 끈질기게 답을 얻어내고자 노력했습니다. 우리나라 정부를 포함해 10개국의 각국 대사관의 답변을 얻기 위해 애썼습니다. 대사관의 사회 관계망 서비스 페이지에 질문을 올리고 그중에서도 덴마크와 독일 대사관으로부터 유의미한 답을 얻어낼 수도 있었습니다. 이를 통해 덴마크는 난민의 수용에 대해서 반대 입장을 가지고 있었고, 독일은 찬성의 입장을 가지고 있음을 알아냈었습니다. 독일 대사관으로부터는 문의한 내용과 관련하여 참고할 수 있는 유익한 책을 격려와 함께 우편으로 선물로 받기도 했었습니다. 그리고 외국인들의 견해를 들으려 SNS를 통해 무작위로 연락을 시도했던 경험도 기억에 남습니다.

이처럼 저는 평가자가 '이렇게까지 열심히, 또 창의적으로 활동에 임했구나!'라는 생각이 들 수 있도록 계속해서 새로운 활동에 도전했었습니다. 그리고 여러분도 이렇게 창의성을 보여줄 수 있는 탐구 활동들을 선정해 보시길 추천합니다. 그리고 아래 예시는 제가 창의적인 활동을 만들 때 고민했었던 목록입니다.

색다르게 활동해보자! 합격 선배의 학교생활 3.

저는 영어와 관련된 과를 가고 싶었는데, 영어 관련 활동을 하는 것도 중요하지만, 관련 역량을 키우는 것도 중요하다고 생각했습니다. 그래서 단순히 영어와 관련된 활동만 진행하는 것이 아니라, 영어 수업 시간에 읽기, 쓰기, 듣기, 말하기 등 영어에 포함되어 있는 각각의 요소들을 골고루 공부한 뒤 이와 관련된 심화 내용도 공부하기 위해 노력했습니다. 이를 통해 전공을 학습하는데 필요한 능력을 다방면으로 기르려 노력한 경험을 보여줄 수 있었습니다.

세특 관리 노하우 2.
활동한 후에는 꼭 기록을 남기자!

선배들은 학교 활동들을 진행한 후에 기록을 남기는 방법으로 학생부종합전형 준비를 더욱 원활히 했습니다.

정리해둔 활동들을 살펴보면서 교내 활동에 대한 아이디어를 얻을 수 있음은 물론, 수시 원서 접수 기간에 자기소개서와 면접전형을 준비할 때도 쉽게 경험을 떠올릴 수 있어 수월했다고 합니다. 활동을 진행한 후 바로바로 선배들처럼 정리해둔다면, 앞에서 배웠던 나만의 키워드에 관한 아이디어도 자연스럽게 얻을 수 있으면서도, 가장 바쁜 원서 접수 시기에 여유롭게 준비할 수 있습니다.

활동 기록을 활용한 선배들의 학교생활을 살펴보면서 우리도 진행해온 활동들을 정리해두고, 앞으로 진행할 활동들은 어떻게 연결해나갈지 계획을 세워봅시다.

활동 기록을 남기자! 합격 선배의 학교생활 1.

자신이 한 활동을 그날 곧바로 정리하는 것이 좋습니다. 기록하지 않으면 그 당시 상황을 기억해 내는 것이 쉽지 않습니다. 간단하게라도 몇 가지 키워드를 적어도 괜찮으니 활동 시작의 이유, 활동의 과정, 결과, 느낀 점 (이후 활동)을 적으시면 자기소개서나 면접 준비할 때 훨씬 수월하답니다. 저는 usb와 메일 내게쓰기함을 동시에 활용해서 절대로 잊어버리지 않게끔 관리했어요. 1학년 때는 정황이 없어 제대로 하지 못했지만 2학년 때부터 정리한 것들이 입시를 준비하는 데 큰 도움이 되었어요! 일찍 알면 알수록 좋기에 이 글을 보시는 여러분들께서 바로 실천하시길 추천드립니다. 시간이 되지 않는다면 어수선한 학기 말이나 공부하다 지친 방학 기간에 정리하는 것도 좋아요. 파이팅!

활동 기록을 남기자! 합격 선배의 학교생활 2.

진로와 연관시킬 수 있는 과목별 주제를 선정해 진행한 뒤 활동 기록을 남겨두었습니다. 그리고 수행평가 시기나 학기 말 소감문 작성 시기에 활동 내용을 적절히 첨부하는 방식으로 세특을 쉽게 채울 수 있었습니다. 처음에는 정리된 것이 없어, 이 방식으로 활동을 선정하기 어려웠지만, 이런 과정을 통해 저는 추상적으로만 생각했던 진로를 구체화할 수 있었습니다. 기록한 활동들을 살펴보며 제가 정말 원하는 연구 분야를 설정할 수 있었기 때문입니다. 또한, 구체적으로 진로를 생각하다 보니 정말 이루고 싶다는 간절함을 갖게 되는 계기가 되기도 했습니다.

활동 기록을 남기자! 합격 선배의 학교생활 3.

수업 시간별로 다양한 과목들을 공부하다 보면 자신이 잘하고 있는지 확실치 않은 경우가 생깁니다. 저는 잠깐 시간을 내어 과목별로 제가 어떤 활동을 했는지 정리했습니다. 과목별로 활동을 했음에도 기재되지 않은 내용도 체크하고, 더 좋은 소재로 활동할 수 있겠다 생각이 드는 활동들도 체크했습니다. 그리고 과감하게 이 활동들의 주제를 다시 탐구하기도 했습니다. 해당 주제에 새로운 방향의 내용을 더해주면서 해당 소재를 더 넓게 탐구해보는 방법을 진행했습니다.

활동 기록을 남기자! 합격 선배의 학교생활 4.

다양한 활동에 참여하시고 나서는 '기록'을 해놓는 것이 아주 중요하다고 생각합니다. 이 부분에서 제가 많은 아쉬움을 느꼈기 때문입니다. 1, 2학년 때의 사소한 탐구활동이라도 생각한 부분에서 자기소개서를 쓸 수 있는 주제가 나올 수도 있기 때문에, 작은 활동이라도 무엇을 했고 이 활동에서 어떤 점을 배울 수 있었는지 꼼꼼하게 기록해주세요. 여러분은 이렇게 나만의 활동이 모인 포트폴리오를 되돌아보며 나는 어떤 점을 강조하고 싶은 사람인지, 나는 이러 이러한 점을 잘 해낼 수 있는 잠재력을 가진 학생인지를 어필할 수 있었으면 좋겠습니다.

활동 기록을 남기자! 합격 선배의 학교생활 5.

조사한 자료는 하나의 파일에 모두 보관하는 것을 추천드립니다. 자소서 작성과 면접에 반드시 도움이 됩니다. 당장 이전 학기에 한 활동도 기억을 되살리지 못하는 경우가 많습니다. 그래서 많은 친구가 어려움을 겪는 모습을 보기도 했습니다. 미리미리 활동들을 정리해두면 수시 기간에 해당 파일만 확인하면 되기 때문에 자소서와 면접을 정말 준비하는 데에만 집중할 수 있습니다.

활동 기록을 남기자! 합격 선배의 학교생활 6.

소소한 팁이지만, 평소에 썼던 글이나 제작한 작품들을 컴퓨터나 드라이브에 꼼꼼히 아카이빙해놓으신다면 생활기록부 관리에 큰 도움이 됩니다. 평소에 진행한 취미들, 활동들이 많은데 교내 활동과 연결 짓는 방법으로 나만의 관심사를 보여줄 수 있어 좋았습니다.

세특 관리 노하우 3.
나만의 관심 분야로 강점을 살리자!

선배들은 교과 활동을 진행하면서 자신만의 '키워드'를 살리기 위해 노력했습니다. 이를 위해 선배들은 본인의 진로 목표에 대해 끊임없이 고민하며 스스로 '관심 가지고 있는 분야'를 찾아냈습니다. 이제까지 진행한 활동들 속에서 관심 가져왔던 키워드들을 분석하거나, 진로와 관련된 정보를 탐색하며 새로운 키워드를 찾았습니다. 그리고 진로 목표에 필요한 역량과 관련된 키워드를 도출하면서, 교내 활동 전반에 관련된 활동들이 드러날 수 있도록 노력한 것입니다.

선배들처럼 자신의 진로 목표를 진지하게 고민해보면서 '정말 학습하고, 연구해보고 싶은 관심 분야'를 강점으로 삼아 관련된 활동들을 진행한다면, 학교생활기록부에 남들과는 다른 자신만의 특색을 녹여낼 수 있습니다. 또한, 해당 분야에 필요한 역량들을 키우며 주도적으로 성장해온 노력도 자연스럽게 드러나게 되어 더욱 유의미한 것입니다. 심지어 스스로 관심을 두고 있는 분야의 활동들을 하기에, 교내 활동을 즐거운 마음으로 진행할 수 있다는 장점도 있습니다.

지금부터는 관심 분야로 강점을 살린 선배들의 학교생활을 살펴보면서 우리의 진로 목표에 대해 고민해보고, 관심 분야와 관련된 키워드는 어떠한 것들이 있는지, 앞으로 내가 성취하고 성장시키고 싶은 역량은 어떤 것들인지 찾아 앞으로의 활동을 계획해봅시다.

관심 분야로 강점을 살리자! 합격 선배의 학교생활 1.

저도 1학년 때에는 어떤 주제로 탐구를 해야 하나 고민이 많았습니다. 하지만 저의 생기부 방향성을 관심 분야와 연결 지어 잡은 후로는 비교적 수월하게 주제를 정할 수 있었던 것 같습니다. 물론 많은 활동을 통해 여러 역량을 보여주는 것이 가장 베스트겠지만, 저는 몇 가지 강점만 정해서 이를 보여줘야겠다고 생각하고 활동했고, 지금 와서 생각해 보면 잘한 결정이었다고 생각합니다. 특히 저는 '지적 호기심'과 '탐구력'을 보여주기 위해 노력했습니다.

저는 주제를 선정할 때 직업과 직접적 연관이 있어야 한다는 부담감을 버렸습니다. 저도 1학년 때 방송 pd가 꿈이었다 보니 언론과 관련된 것들만 생각하다가 더 주제를 정하기 어려워했었던 기억이 있습니다. 만약 저처럼 고민하고 계시다면, 먼저 자신이 해당 진로를 통해서 어떤 것을 이루고 싶은지를 생각해보셨으면 좋겠습니다. 예를 들어, 기자가 꿈이라면 기자가 되어서 어떤 분야에서 활동하고 싶은지, 그 분야에서 가장 관심이 있는 것은 무엇인지를 고민해 보시고, 그 주제에 대해서 집중적으로 탐구하는 것도 나쁘지 않다고 생각합니다. 저의 경우 그 주제가 '노동'이었고, 1학년 때부터 3학년 때까지 지속적으로 탐구하는 활동을 진행했습니다. 이를 통해 '노동'에 관한 지적 호기심과 탐구력을 집중적으로 보여줄 수 있었습니다.

관심 분야로 강점을 살리자! 합격 선배의 학교생활 2.

저는 뚜렷한 진로 목표도, 학과 목표도 없는 채로 고등학교에 입학했습니다. 그리고 삼 년 내내 고민의 과정을 거쳤습니다. 뚜렷한 진로 목표, 학과 목표가 없다면 자신이 어떤 사람인지 생각해보기를 바랍니다. 저는 제가 생각하는 '옳은 사회'의 역할이 있었고, 그 사회를 만들기 위해 노력하고 싶었습니다. 저에게 옳은 사회는 모든 사람의 인권이 보장되는 사회였고, 이를 위해서는 전 세계 모든 사람의 의식주가 해결되는 것이 우선이라 생각했으며, 국제 개발협력전문가가 그 일을 할 수 있는 직업 중 하나라 생각했습니다. 솔직히 말씀드리자면 국제개발협력전문가라는 꿈을 진심으로 선망했는지는 잘 모르겠습니다. 저에게 그저 '생기부용 꿈'인 것처럼 다가왔던 적도 있었습니다. 하지만 하나의 목표를 정하기까지 '나'라는 사람에 집중했던 시간은 참 가치 있었습니다. 제가 정말로 중요하게 생각하는 것, 가치를 두는 것을 고민했던 과정이 아직까지도 중요한 결정을 내리는 데 많이 도움이 됩니다.

과목별로 어떤 주제를 탐구하고 발표할지 고민하는 것은 굉장히 디테일한 고민입니다. 이를 위해서는 자신의 진로 목표가 있어야 하고, 진로 목표를 정하기 위해서는 먼저 '나'에 대해 생각해보며 관심 분야를 찾아보라고 조언하고 싶습니다. 다소 진부한 멘트처럼 느껴질 수도 있겠지만 '나'에 대한 깊은 고민 없이 무작정 세운 목표는 결국 후회할 수밖에 없습니다. 목표가 일단 세워지면, 오히려 그 목표를 어떻게 이 과목과 연관 지을지 고민하는 것은 쉽게 다가올 것입니다. '자유주제'나 '모둠 활동'을 적극적으로 활용하기를 추천드립니다.

치열한 노력과 함께 '나'에 대한 고민이 수반된 3년을 보내시길 소망합니다.

관심 분야로 강점을 살리자! 합격 선배의 학교생활 3.

학교생활기록부의 꽃, 비교과의 핵심. 바로 교과 세부능력 및 특기사항을 알차게 만들어가려면, 자신의 가치관과 역량을 마음껏 보여주고 평가자를 매료시킬 수 있는 주제를 선전해야 합니다. 여기에는 두 가지의 사전 준비가 필요합니다.

첫 번째로, 나는 어떤 사람이 되고자 하는지 자신이 목표하는 나의 이상적인 미래를 명확히 그려보아야 합니다. 자, 빈 A4 종이 한 장을 꺼내 볼까요? 맨 위에 자신이 꿈꾸는 미래를 한 문장으로 적어봅시다. 초등학교 교사를 꿈꾸는 저라면 '아이들을 또 다른 누군가의 스승으로 만들어 교육의 연쇄 반응을 일으키는 참된 교육자'라고 적을 겁니다. 다음으로 그 밑에는 그러한 이상적인 모습에 가까워지기 위해 갖추어야 할 역량을 생각나는 대로 가능한 많이 적어볼까요? 이를테면 정성을 다하는 사랑, 공감하는 소통 능력, 꾸준히 더 나은 교사가 되려는 열정, 끊임없는 성찰과 반성, 올바른 인성, 창의성, 인내심, 관찰력, 비판적 사고력, 교육 문제를 바라보는 깊은 시각… 마지막으로 각각의 역량을 앞으로 갖추고 이를 평가자에게 보여주려면 어떤 활동을 해야 하는지 역량마다 고민하며 적어봅시다. 가령 공감하는 소통 능력을 보여줄 수 있는 교과 활동으로, 저는 윤리와 사상 수업 시간에 배우는 여러 철학 사상가들의 견해를 참고하여 '공감은 감정인가? 진정한 교사의 공감이란 무엇인가?'라는 주제로 발표 활동을 했습니다. 교사가 진정한 공감을 갖추려면 실천이 병행되어야 하며, 그러기 위해서는 학생들의 삶의 일부에 들어가려는 노력을 기울여야 한다는 교육관을 펼쳤죠.

이처럼 여러분의 가치관을 잘 녹여낼 수 있는 탐구 및 발표 주제를 도출하려면, 여러분의 진로 가치관에 대한 설계가 우선되어야 합니다. 제가 말씀드린 것처럼 빈 A4 종이 한 장을 꺼내서 깊이 고민해보면 많은 도움이 될 거라 확신합니다.

두 번째로, 진학하기를 바라는 대학교의 인재상과 평가자가 원하는 역량을 알아야 합니다. 물론, 학교생활기록부는 '여러분이 여러분답게 여러분을 보여줄 수 있는' 서류가 되어야 하며, 여러분의 가치관과 역량이 드러나야 하는 건 맞습니다. 그렇지만 결국 학교생활기록부도 평가자가 보기 위해 만들어가는 포트폴리오입니다. 이 말은 즉, 그 내용이 평가자가 원하는 방향으로 만들어져야 유의미한 평가를 받을 수 있다는 뜻이라고 생각합니다. 결국 대학교에서 원하는 인재상과 전공에 필요한 역량에 맞아야 한다는 것이죠. 따라서, 학교 홈페이지를 통해 자신이 꿈꾸는 대학교의 인재상을 확인하고, 그것을 닮아가려는 노력을 학교생활기록부에 드러내야 합니다. 또한, 해당 학교 교수님의 인터뷰 영상에서 말씀하시는 내용을 필기해두는 등 평가자의 성향을 파악하고 이를 학교생활기록부에 반영하려 노력해야 합니다. 예를 들어, '글로컬 리더십 역량을 갖춘 교육 리더'는 제가 재학 중인 경인교육대학교의 인재상 중 하나입니다. 저는 이를 제 세부능력 및 특기사항에 녹아내기 위해 생활과 윤리 시간에 '지역화, 세계화, 그리고 글로컬리즘 교육'이라는 주제로 탐구하기도 했습니다. 전통 한복과 개량 한복을 예시로 지역화와 세계화의 갈등 사례들을 발표하면서 '가지를 치지만 뿌리를 잊지 않는' 글로컬리즘 교육을 강조하는 내용이었죠. 이렇게 앞서 말씀드린 자신의 진로관과 더불어, 평가자가 원하는 역량까지 보여줄 수 있는 교과 활동 주제를 선정하는 것이 중요하다고 생각합니다.

관심 분야로 강점을 살리자! 합격 선배의 학교생활 4.

자신만의 키워드를 정한 후, 생활기록부를 채우세요. 저는 1학년 때부터 한국외국어대학교를 지망했기에, 키워드를 언어와 국제에 맞추어서 다방면으로 탐구했습니다. 그중에서도 심층적으로 탐구해보고 싶은 내용들은 2, 3학년 때 확장해나갔습니다. 이렇게 들으면 되게 추상적이죠? 예를 들어, 수업 중 '사과가 맛있다!'라는 기사를 보았다고 생각해 보세요. 사과가 왜 맛있는지, 사과가 맛있으면 어디에 좋은지, 사과가 맛있다고 생각한 사람들은 누구인지 궁금하겠죠! 그렇게 자연스럽게 한 주제에 관해 궁금한 점이 생기면, 세부 능력 특기사항, 동아리, 자율 활동 등에 그와 관련해 활동들을 진행하면 돼요. 그 분야에 대해 관심을 가지면 자연스럽게 한 묶음으로 얽히게 활동들을 할 수 있게 돼요. 과목별로 자신의 진로와 관련해 조금이라도 연관 지을 수 있는 분야가 있다면 연관 지을 수 있어 좋겠지만, 그렇지 못한 경우에는 최대한 그 과목 내에 학습 과정에 충실하게 되돌아보고 수업 시간에 배웠던 지식을 생활기록부 다른 항목에서 탐구하는 활동을 진행하면 돼요. 주제 선정으로 큰 걱정하지 마세요!

관심 분야로 강점을 살리자! 합격 선배의 학교생활 5.

그때도 지금도 앞으로도 저의 포트폴리오가 저를 평가하는 주요 항목일 때, 제가 생각해야 하는 가장 중요한 것은 '평가자의 입장'이라고 생각했습니다. 평가자의 입장에서 본인이 제출한 포트폴리오를 오랜 시간 들여다보지 않아도 되도록 만드는 것이 중요하다고 생각했습니다. 포트폴리오를 보면 단숨에 매력을 느끼고, 정말 신뢰할 수 있다고 생각하며, 제가 어떤 사람인지 알 수 있어야 한다고 생각했습니다. 잔인한 사실이나, 평가자에게 첫눈에 잘 읽히고 한 번에 저라는 사람을 이해하게 만들 수 있는 포트폴리오를 구성할 수 없으면 사실상 수시에서 좋은 평가를 받기가 어렵다고 보았습니다.

그래서 한정된 시간과 한정된 분량 내에 효율적으로 평가자로 하여금 저의 특징을 떠올리게 만들 수 있도록 고등학교 1학년 때부터 키워드를 선정했습니다. 제가 선정한 키워드는 약 3가지 정도인데요,

'꼬리 물기식 탐구를 할 수 있는 진득한 지적 욕구(하나의 주제를 탐구하기 위해서 독서를 하고, 해당 활동에서 파생된 다른 활동을 전개하는 모습 등)', '서로 다른 활동들 간의 연관성을 통해서 유추 가능한 간학문적 접근 가능성(동아리 활동의 성격과 세특 상 보고서 탐구 주제 선정의 일치 등) 및 학생 성정' 그리고 마지막으로 '러시아에 대한 흥미와 관심'입니다. 마지막 키워드는 2년 동안 고심한 끝에 3학년이 되어 마지막 키워드로 추가하였습니다.

이와 같이 제가 보여주고 싶은 키워드를 선정한 이후에는 위와 같은 특징을 보여줄 수 있는 도구로서 어떤 활동을 집중적으로 진행할 것인지를 고민했습니다. 그래서 저는 독서 활동, 동아리 활동 및 수업 시간 중 진행 가능한 토론, 에세이 작성, 포트폴리오 제작 등의 활동을 집중적으로 공략했습니다. 활동의 영역과 범주는 자신의 키워드에 따라서 충분히 얼마든지 달라질 수도, 또한 넓어지거나 좁아질 수도 있는 부분이니 반드시 제가 선택한 활동들이 정답은 아닙니다! 사실 수시에 정답은 없죠.

자신이 보여주고 싶은 모습을 확고히 하는 작업은 시간이 아무리 오래 걸린다고 하여도 반드시! 거쳐야 하는 매우 중요한 작업이라고 생각합니다. 그래서 여러분 스스로 '나는 평가자에게 어떤 인상을 남기고자 하는 것일까?'하는 것에 대한 질문을 끊임없이 던지고, 보여주고 싶은 모습을 어필하기 위해서 세특을 작성할 때 어떤 표현을 사용할 것인지(절대다수에게 두루뭉술하게 사용할 수 있는 표현 말고 자신만을 표현할 수 있는 구체적이고 명시적인 표현!) 등을 숙고하면 좋을 거 같습니다.

다시 말해서
첫째, 자신이 보여주고 싶은 모습을 키워드화 하기! (단, 너무 욕심내지 않고 평가자에게 '아, 이 학생은 이렇네?'하는 임팩트를 줄 수 있는 정도라면 충분합니다!)

둘째, 키워드를 효과적으로 보여줄 수 있는 교내 활동을 탐색, 열심히 진행하기!

이것이 제가 3년 동안 세특 뿐만 아니라 시험공부 외에 학교생활을 할 때 가장 중요하게 생각했던 부분입니다.

관심 분야로 강점을 살리자! 합격 선배의 학교생활 6.

진로와 직접적으로 관련되지 않더라도 내가 잘 할 수 있는 것, 또는 내가 끈기 있게 계속 관심을 가지고 탐구해왔거나 탐구하고 싶은 것을 선정하여 그와 관련된 세특을 채워나가는 것을 추천해드립니다. 예컨대 저는 영상 편집, 포토샵 편집 등에 관심이 많고 잘 할 수 있어 고등학교 1학년 때부터 3학년 때까지 꾸준히 작품을 만들어왔습니다. 그리고 이것을 소책자 만들기 활동 또는 포트폴리오 제작 활동을 통해 고스란히 녹여냈습니다. 또한, 두 번의 미디어 콘텐츠 일반 주문형 강좌에서 우수한 성적을 받음으로써 해당 분야와 적성이 맞고 역량 또한 갖추었음을 드러낼 수 있었습니다. 다양한 분야와 관련된 세특을 채우는 것도 좋지만, 제 생각에 그것은 기본적인 활동에 충실하더라도 충분히 채울 수 있다고 생각합니다. 그러니 다양한 분야와 관련된 세특을 체우는 데 초점을 맞추는 것보다는 나의 전문성을 드러낼 수 있는 분야를 집중적으로 공략하셨으면 좋겠습니다. 그리하여 입학사정관이 생활기록부를 보았을 때 '아, 이 학생은 OO를 잘하는 학생이구나.' 또는 '아, 이 학생은 OO에 관심이 많은 학생이구나'라는 특별한 인상을 남길 수 있으면 좋다고 생각합니다.

관심 분야로 강점을 살리자! 합격 선배의 학교생활 7.

탐구활동 작성 시에 꼭 희망 전공과 관련된 내용에만 집착할 필요는 없다고 생각합니다. 스스로 관심 가지고 더 공부하거나 찾아보고 싶은 것이 무엇인지 고민해보는 것을 추천합니다.

대학도 교육기관이기에 '이미 알고 있는 사람'을 원하는 것이 아니라 '배우고 싶어 하는 사람'을 원한다고 생각합니다. 즉, 지식의 수준보다는 배움의 열의를 더 높게 평가할 수 있다는 것입니다. 당장 내 전공과 직접적으로 관련된 떠오르는 내용이 없다면, 그냥 자신이 할 수 있는 것, 하고 싶은 것을 계속하세요. 하지만 억지로 하지는 마세요. 자신이 진짜로 흥미를 느낄 수 있는 것, 그리고 자신이 정말 열심히 참여한 것만이 '진짜' 생활기록부에 작성될 것입니다. 흘러가는 대로, 남들 하는 대로만 하다 보면 정말 남는 것이 거의 없을 거예요.

학생부종합전형이라는 전형 자체가 수치화, 객관화할 수 없는 영역이기 때문에, 대학에서 "이 학생 좀 특별하네" 하면 성공할 수 있다고 생각합니다. 특별한 것이 대단한 것은 아니지만, 입시는 특별해야만 많은 학생 사이에서 눈에 띌 수 있는 것 같습니다. 특별해지고 싶다고 생각하며 무리하지는 않아도 괜찮습니다. 그냥 남들과는 조금만 다르게 진짜 하고 싶은 일을 고민해보고 시도해보세요!

관심 분야로 강점을 살리자! 합격 선배의 학교생활 8.

저는 1학년 생기부에 적혀있는 것이 거의 없습니다. 정말 기본적으로 들어가는 것만 입력되어 있다고 이해하시면 될 것 같습니다. 남들보다 양도 부족하고, 성적도 경쟁자들에 비해 높은 것도 아닙니다.

사실 적혀있는 내용들도 제가 엄청나게 잘났다든가, 뛰어나다든가, 전공 관련 분야를 뚝심 있게 밀고 나갔다든가 하는 그런 화려한 내용들도 아니었습니다. 심지어 면접 때 질문 몇 개 받지도 못하고 울먹거리면서 나왔습니다. 제가 이런 점을 먼저 언급하는 이유는 저 같은 사례도 있으니 지레 겁먹고 포기하지 말라는 뜻입니다. 예비번호로 입학했을지라도 31.2의 경쟁률을 뚫고 들어간 제가 감히 노하우를 드리자면 본인이 '진심'으로 할 수 있는 관심 있는 주제를 선택하라는 것입니다.

어려워 보이고, 화려하고, 전문적이고, 대학이 좋아할 것 같은 주제들을 쓸 수 있다면 당연히 좋을 수도 있겠지만, 여러분이 생각했을 때 본인과 어울리지 않거나 원하는 방향이 아니라는 느낌이 들면 조심스럽게 제외해도 큰 손해는 없을 것입니다.

어떤 내용을 생기부에 채울지 잘 모르시겠다면 '어? 이 주제가 이 과목이랑 맞는 건가? 생기부에 들어갈 수 있는 건가?' 등등 너무 큰 고민하지 마시고 일단 탐구를 조금만 시작해보면 바로 관심 가지고 있던 내용이 떠올라 어떻게 이어나갈지 감이 올 것입니다.

관심 분야로 강점을 살리자! 합격 선배의 학교생활 9.

주제는 자신이 평소에 관심 있는 분야서부터 시작하면 돼요. 어려운 주제를 생활기록부에 기록하면 멋져 보이겠다는 생각은 접고, 주변 일상에서 직간접적으로 경험한 일들을 떠올려보세요. 경험한 게 없다고요? 교과목 수업 도중 배운 A라는 개념이 궁금하면, 인터넷 혹은 책 등 다양한 방면으로 찾는 것도 다 포함된답니다. 거시적인 관점에서 주제를 찾기보다 우리 실생활에 있는 것들을 생각하면 수월할 거예요. 가령, 저의 경우 영국식 매체에 관심 있어 친구들 앞에서 장난으로 영국 영화배우 성대모사를 한 것을 수업 중에 발표해보고, 나아가 과거 영국 상류층 posh 발음에 관심이 생겨 <Pride and Prejudice> 원작과 영화를 비교해 보았어요. 쉽게 말하면 덕질(?) 이라고 할까요. 내가 좋아하는 분야의 물꼬가 물꼬를 트는 과정이라고 생각하시면 쉬울 것 같아요. 단, 이것들을 면접장에 가도 막힘없이 설명할 수 있을 법한 주제들을 선정해야 해요. 거짓말은 후에 탄로 나기 마련이거든요. 아무것도 하지 않아도 떨리는 면접장에서 제대로 하지 않은 활동들에 대해 설명하는 건 쉽지 않은 일이랍니다. 반대로, 자신이 진정으로 관심 있어 하는 질문들을 받으면 잘 말하고 싶은 마음이 커지겠죠? 면접을 위해서가 아닌 훗날 관심의 폭을 넓힌다는 생각으로 생활기록부에 기재되는 모든 항목에 신경 쓰시길 바랍니다.

세특 관리 노하우 4.
교과 수업 시간을 '최대한' 활용하자!

선배들은 모두가 공통으로 참여하는 교과 활동들도 최대한 활용하기 위해 노력했습니다. 수행평가, 과제, 질문, 발표 등 수업 시간에 일어날 수 있는 모든 일에 적극적으로 참여해온 것입니다.

선배들처럼 교과 활동에 온전히 집중해서 결과물을 산출해낸다면 '적극적인 학업태도'의 측면에서 우수한 학교생활기록부를 얻을 수 있습니다. 심지어 교과 수업 시간에 진행할 수 있는 활동들을 어떻게 활용하느냐에 따라 '창의성', '전공에 관한 호기심', '리더십' 등 다양한 역량도 학교생활기록부에 녹여낼 수 있습니다.

수업 시간을 최대한으로 활용한 선배들의 학교생활을 살펴보면서 우리가 이제까지 진행해온 수업 시간 활동들을 살펴봅시다. 그리고 앞으로 나는 교과 활동의 기회를 잡기 위해 어떻게 노력해나갈 것인지 계획해봅시다.

교과 수업을 최대한 활용하자! 합격 선배의 학교생활 1.

교과서에 있는 내용을 적극적으로 활용하시기를 추천드립니다. 교과서에 생각보다 많은 내용이 담겨있고, 자신의 관심 분야와 연계되는 부분이 반드시 존재합니다. 특히 꼭 전공과 직접적으로 관련 과목이 아니더라도 찾아보면, 새로운 관점에서 연결되는 부분이 꼭 있습니다. 그리고 이러한 주제를 탐구한다면 더욱 차별화되어 의미 있는 활동을 할 수 있다고 생각합니다.

교과 수업을 최대한 활용하자! 합격 선배의 학교생활 2.

특히, 영어 과목을 잘 활용하셨으면 좋겠습니다. 영어 과목은 쉽게 타 교과목들과 접목시킬 수 있는 과목 중 하나이기 때문입니다. 아마 여러분들의 수업 교재인 교과서, 그리고 모의고사 및 수능특강 교재 속 지문을 살펴보면 정말 다양한 주제의 이야기들이 담겨있는 것을 확인하실 수 있을 것이라 생각합니다. 경영학과를 지망한 저의 경우에는, '루즈벨트 대통령이 본인을 홍보하기 위해 사용한 전략'(모의고사 지문), '노블레스 오블리주'(교과서), '베블런 효과'(모의고사), '특정 유형의 업체들이 같은 지역에 모이는 이유'(수능특강) 등의 지문에 대해 자료 조사 및 PPT 발표하면서 제 관심 분야의 전공과 관련된 지식 및 시야를 넓힐 수 있었습니다. 또한 이렇게 주도적으로 발표를 준비하다 보니, 해당 지문들에 관하여 다시 돌아보며 공부할 수 있었고 또한, 지문 설명을 준비하기 위해 관련 내용을 조사하는 일련의 과정을 겪으면서 영어 시험에서도 많은 도움을 얻을 수 있었었습니다. 왜냐하면, 기억이 잘 나고, 내가 노력을 기울이고 발표했던 부분이었기에 잘 잊히지 않았기 때문입니다. 이런 식으로 여러분도 영어 과목을 최대한 활용해 관심 분야를 주도적으로 탐구해보고, 맡은 발표들에 있어서 성실히 임해보시길 추천합니다. 그러한 노력들은 분명 여러분의 지식을 넓히는 데 많은 도움이 되어주고, 다른 새로운 활동 기회들을 맞이할 수 있도록 도움을 줄 것이라 생각합니다.

교과 수업을 최대한 활용하자! 합격 선배의 학교생활 3.

학교 수업에 열심히 참여하고 발표도 적극적으로 하는 것이 가장 기본이라고 생각합니다. 수업 시간에 온전히 매진하면서 관심 분야를 찾을 수 있는 준비가 되어있어야 자신만의 특색을 만들 수 있기 때문입니다. 이러한 기본적인 것들이 되었다면, 이후에 수행평가나 조별 활동 등에서 적극적으로 참여하여 특색 있는 세특을 만드시기를 바랍니다.

제 활동들은 수행평가를 통해 학교에서 배웠던 교과 과정에 대한 심화된 내용을 전공과 연관시킨 것이 대부분이었습니다. 물론 폭넓고 다양한 활동들의 경험에 대한 내용들로 세특을 채우면 좋겠지만, 그런 활동이 어려운 경우에는 이렇게 교과목별 수행평가를 기회로 잡아, 하나의 세부 내용과 전공을 연관시킬 수 있는 연구를 진행한 이후에 보고서를 작성하거나 PPT를 만들어 발표하는 것도 자신만의 지식을 쌓는 나쁘지 않은 방법이 될 것이라고 생각합니다.

교과 수업을 최대한 활용하자! 합격 선배의 학교생활 4.

저는 여러분이 할 수 있는 최대로 많은 과목 반장을 해보았으면 좋겠습니다. 한 발자국 더 나아가서 자신이 가고 싶은 학과와 관련된 학교의 과목이 있으면, 무조건 그 과목 반장을 해보았으면 좋겠습니다. 저 같은 경우에는 많은 과목들의 반장을 해왔습니다. 사실 처음에는 그저 과목 반장을 하면 세부능력 및 특기사항에 선생님께서 적어주신다는 그 말만 듣고 했었습니다. 하지만, 실제로 과목 반장을 하다 보니 이전에는 관심이 없었던 과목에 더 관심도 생기고, 관심이 생기다 보니 모르는 문제에 대해서는 선생님께 물어보게 되고, 문제 해결을 통해 성취감을 느끼고 공부를 더욱이 열심히 할 수 있게 되었습니다. 그래서 저는 과목 반장 하시는 것을 더욱이 추천을 드립니다.

저는 특히 중국어과에 가고 싶었기 때문에 중국어과목의 반장을 계속하였습니다. 중국어 과목의 반장을 하면서 '중국어'라는 과목에 관심을 갖게 되었고, 중국어를 열심히 하게 되면서 자연스럽게 등급이 많이 향상되었습니다. (4→2등급) 이를 통하여 대학교 입학사정관께서 세부능력 및 특기사항을 보고 학생이 중국어에 얼마나 관심이 많은지, 그리고 중국어과에 이 학생이 적절한지 판단하는 데 도움을 줄 수 있었다고 생각합니다. 여러 가지 과목의 반장을 하다 보면 공부도 열심히 하고, 과목에 관심을 갖게 되면서, 그 분야의 진로에도 호기심을 가지고, 구체적인 본인만의 직업을 선택할 수 있는 기회가 생길 수 있습니다.

교과 수업을 최대한 활용하자! 합격 선배의 학교생활 5.

저는 1학년 시절 다른 활동에 비해 상대적으로 자연과학에 대한 호기심과 탐구욕이 높아 진로 희망이 자연과학 연구원이었고, 2학년 시절부터는 스스로에 대한 고민과 사람들의 심리에 많은 흥미가 있었기에 진로 희망이 심리학자였습니다. 그러나 현재는 전혀 다른 분야의 학과를 다니며 꿈 역시 고등학교 시기와는 전혀 다른 꿈을 가지고 있습니다. 진로 희망은 개인의 지식, 경험, 생각이 변화함에 따라 자연스럽게 변화될 수 있다고 생각됩니다. 그렇기에 과목별로 주제탐구 시에는 탐구 당시 여러분들의 성실성, 열정, 호기심 등을 충분히 뽐내고 보여줄 수 있는 주제를 선정하는 것이 중요하다고 생각됩니다. 1학년부터 3학년까지 과목별로 진행하는 주제탐구를 오로지 한 가지 방향으로만 억지로 엮으려는 것보다는 각 과목을 배우면서 정말로 의아했던 부분이나, 호기심이 들었던 내용, '이 부분은 정말 더 공부해보고 싶다'라는 주제를 탐구주제로 선정하여 발표를 진행하시는 것을 추천해 드립니다. 대학에서는 고등학교와 비교했을 때 당연하겠지만, 훨씬 더 깊이 있는 연구, 탐구를 요구합니다. 실제로, 제가 다니고 있는 학과도 3학년부터는 졸업논문 작성과 관련된 본격적인 활동을 시작하기 때문에 개인의 탐구심과 노력이 상당히 요구됩니다. 이렇게 대학에서 요구하는 탐구능력을 갖추고 있다는 것을 가장 잘 보여줄 수 있는 것이 고등학교 과목별로의 주제탐구와 관련된 '세특'이 아닐까 생각이 듭니다.

'세특'에 각 과목에서의 탐구에 대한 여러분들의 호기심과 열정, 성실성이 그대로 녹아들 수 있게 노력해보세요. 한 가지 방향으로 맞추어 탐구 주제를 선택하는 것도 좋지만 꼭 억지로 그러실 필요는 없다고 생각됩니다. 다양한 주제에 관련된 탐구 활동이 생활기록부에서 여러분들의 열정과 성실성, 어떠한 주제에 대해 깊이 있게 연구할 자세를 갖추고 있는 학생이라는 것을 일관되게 표현해주고 있다면, 이 자체만으로도 엄청난 경쟁력 있는 '세특' 관리가 가능하다고 생각됩니다.

저의 경우 하고 싶은 것. 이루고 싶은 것, 꿈, 진로 희망은 매번 바뀌었으며, 또 학교 수업을 들으면서 주제탐구 활동으로 탐구해보고 싶은 내용마저도 그때그때 호기심에 따라 달라져서 '세특'에서 말하는 어떠한 방향으로의 일관성은 다른 친구들에 비해 부족한 편에 속했다고 생각됩니다. 그러나 그만큼 다양한 분야의 지식에 관심이 있다는 것을 생활기록부에 표현할 수 있었고, 정말로 더 알아보고 싶었던 주제를 선정하여 열정적으로 노력한 모습이 각 교과 선생님들께 전해져 탐구심과 성실성, 열정 등이 '세특'에서 일관되게 표현되고 있던 점이 저의 생활기록부가 가지고 있는 경쟁력이 아닐까 싶습니다. 대학에 가서 기존 지식을 배우는 데 그치지 않고 다양한 분야의 지식을 융합하여 새로운 지식을 탐구할 수 있는 자세를 갖추고 있는 학생이라는 인상을 남길 수 있으면 좋을 것 같습니다. 감사합니다.:)

교과 수업을 최대한 활용하자! 합격 선배의 학교생활 6.

적극적으로 행동해야 합니다. 학교생활기록부에 다양한 활동이 반영될 수 있으려면, 어떻게 선생님께 어필할 수 있을까? 생각해보면, 수업 시간, 그리고 수행평가에 최선을 다하며 적극적으로 참여하는 모습을 보여 드리는 것은 기본이겠죠.

그중에서도 모둠 활동은 내가 잘할 수 있는 역할을 맡아 성실히 수행하면서 적극적으로 활동하는 것이 중요합니다. 스스로 자신감 있는 역할을 맡으면 모둠원들과 좋은 성과를 낼 수 있으면서도, 자연스럽게 더 적극적으로 모둠 활동을 이끌어갈 수 있기 때문입니다. 다음으로 학기 중간 중간, 또는 대부분 학기 말에 선생님들께서 학생들을 위해 마련해주시는 자율 주제 발표 시간을 의미 있게 활용하는 것도 핵심 중 하나입니다. 본인의 관심 분야를 자유롭게 어필할 수 있는 기회이기 때문입니다. 또한, 기본적으로 수업 시간에 다룬 내용과 자신이 지망하는 전공 분야를 연관 지어 주제를 선정하는 것이 좋습니다. 수업 시간에 배우기 위해 적극적으로 노력하고 있다는 것을 더욱 선생님께 어필할 수 있기 때문입니다.

세특 관리 노하우 5.
시사 이슈도 챙겨보자!

선배들은 교내 활동들을 진행하면서 '시사 이슈'에 호기심을 두고 자신만의 이야기를 만들어보려 노력했습니다.

학문의 시작은 결국 우리가 살아가는 사회에 관한 호기심입니다. 시사 이슈에 관하여 전문가들의 의견을 조사해보고, 스스로 고민해보면서, '자신만의 의견'을 만들어나가는 모습은 특히 '자기 주도성', '탐구 능력' 등의 측면에서 우수하게 평가받을 수 있습니다.

시사 이슈를 활용한 선배들의 학교생활을 통해 전공과 관련된 시사 이슈는 없는지, 최근 이슈가 된 사건 중 호기심 생기는 것은 없는지 찾아보면서 우리만의 이야기를 만들어봅시다.

시사 이슈도 챙겨보자! 합격 선배의 학교생활 1.

시사 이슈에 관심 가지고 최대한 활용하셨으면 좋겠습니다. 여러분이 맞이하고 있는 시사 이슈는 여러분뿐만 아니라 많은 사람이 관심을 가지고 주목을 하는 이슈라는 것을 알고 계셨으면 좋겠습니다. '많은 사람'에는 대학 입학사정관분들과 교수님들도 포함될 수 있겠죠? 그렇기에 탐구 및 발표 주제 선정에 어려움을 겪고 있다면, 시사 이슈를 활용해서 그에 관련한 자신의 생각을 보여주는 것도 좋은 방법 중 하나라고 생각합니다. 모두가 알고 있는 공유된 사회 현상도 그냥 넘기지 않고, 스스로 관련 사항들을 조사해보고 고민해보면서 자신만의 견해를 수립해 나가는 주도적인 모습을 함께 보여줄 수 있기 때문입니다.

시사 이슈도 챙겨보자! 합격 선배의 학교생활 2.

진로와 연관된 주제를 선정하기 위해서는 평소 사회적인 이슈에 관심을 가지고 있어야 합니다. 저는 학교에 배부되는 경제 신문을 꾸준히 읽어 사회 이슈를 접하고 시사 상식에 대한 지식을 쌓았습니다. 이러한 배경지식을 통해 적절한 주제를 선정할 수 있었고, 이후 면접을 대비하는 밑거름이 되었습니다. 예를 들어 평소 4차 산업혁명에 관심을 가지고 있었다면, 빅데이터와 자신의 진로를 관련지어서 생각해 볼 수 있을 것입니다. 특히 저는 회계사를 꿈꾸고 있었다 보니, 진로 프로그램에서 '인공지능이 회계사를 대체할 수 있을까?'를 주제로 보고서를 작성하여 제가 희망하는 진로의 발전 가능성과 미래 전망에 관해 조사해보기도 했습니다. 이처럼 희망하는 진로와 관련된 다양한 주제를 탐구하기 위해서 평소에 사회적인 이슈에 대해 꾸준히 관심을 가지는 것도 중요합니다.

시사 이슈도 챙겨보자! 합격 선배의 학교생활 3.

어떤 주제를 할까에 대한 고민을 말씀드리자면, 그 당시 내가 희망하는 진로의 이슈, 문제를 다룰 수 있는 주제를 하면 좋다고 생각합니다. 그 문제를 조사하고, 문제를 바라보는 나의 시각, 느낀 점을 생각해본다면 학생부종합전형에서 주도적으로 탐구 문제를 설정해 공부해나가는 모습을 보여줄 수 있어 평가에 긍정적인 영향을 줄 수 있을 것입니다.

시사 이슈도 챙겨보자! 합격 선배의 학교생활 4.

신문 읽기는 어떤 전공이든 진학할 때 정말 필요하다고 생각합니다. 시사의 흐름이 전공의 연구 분야의 향방을 결정할 수 있기 때문입니다. 특히 저는 행정학과를 진학할 때 신문 읽기가 정말 필요하다는 것을 알 수 있었습니다. 시사의 흐름이 정부의 방향을 결정하기 때문입니다. 행정학에 관심 많은 분들은 신문을 꼭 읽기를 바랍니다. 물론 신문은 종이 신문이든 인터넷 신문이든 상관은 없습니다. 일단 접근하기 쉬운 인터넷 신문부터 정독하시는 것을 추천합니다. 그러다가 나중에 종이 신문을 집에서 구독하든 혹은 학교 도서관에서 신문을 보든 아니면 그냥 계속 인터넷 신문으로 보든 상관은 없습니다. 중요한 것은 시사를 파악하는 것이기 때문입니다.

시사 이슈도 챙겨보자! 합격 선배의 학교생활 5.

전공 관련 전문가처럼 당장 어려운 전공지식을 습득할 수는 없겠지만, 다양한 이슈나 칼럼을 확인할 수 있는 전공 관련 신문 사이트를 찾아보시면 다양한 전문가들의 의견을 통해 간접 학습할 수 있습니다.

예를 들어 법학 분야에서는 어떤 이슈에 대한 칼럼이나 판례들을 읽어보고 싶을 때 '법률신문(lawtimes.co.kr)' 사이트를 참고하실 수 있습니다. 일례로 저는 1학년 때 낙태죄 찬반 토론을 한 적이 있었는데, 일반 포털사이트에서 '낙태죄'를 검색하는 것보단, 법학 관련 전문가들의 의견을 참고하여 다른 친구들보다 더 논리적으로 주장을 강화하는 데 도움을 받을 수 있었습니다.

세특 관리 노하우 6.
전공, 진로를 먼저 이해하자!

선배들은 전공과 진로를 교내 활동에 자연스럽게 녹여내기 위해, 먼저 '전공', '진로'에 관한 이해를 넓히려 노력했습니다. 단순히 '이런 전공에 진학하고 싶다.'가 아니라 '전공에는 어떠한 연구 분야가 있는지', '전공을 배우려면 필요한 지식은 무엇인지', '진로를 위해 어떠한 학문을 학습해야 하는지' 등 구체적으로 전공과 진로에 관해서 학습해보며 이해한 내용을 교내 활동에 녹이려 한 것입니다.

선배들처럼 전공에 관하여 구체적으로 학습해보고 교내 활동과 연결하며 지식을 습득해나가다 보면 자연스럽게 전공과 관련된 자신만의 호기심 분야를 찾을 수 있게 되어, 특색있는 학생부 활동들을 만드는 데 도움이 됩니다. 또한, 이렇게 전공에 관해서 이해하려 노력하는 과정에서 스스로 '꿈'을 이루고 싶다는 '동기'를 계속 부여받을 수 있다는 점도 장점입니다.

지금부터는 전공, 진로에 대해 이해하기 위해 노력한 선배들의 학교생활을 살펴보고 우리는 전공에 관해서 정말 이해하고 있는지 생각해봅시다. 아직 학습해본 적이 없다면 지금부터 직접 조사해보면서 전공에 관한 꿈을 더욱 구체화해봅시다.

전공, 진로를 먼저 이해하자! 합격 선배의 학교생활 1.

한 가지 작은 팁을 드리자면, 자신이 진학하고자 하는 학과 홈페이지에 들어가셔서 교육과정을 살펴보는 것을 추천하고 싶습니다. 과목 이름과 커리큘럼을 보면 어떤 주제에 대해 배우는지 감이 올 텐데, 저는 이를 보고 주제를 선정하는 데 도움을 받을 수 있었습니다. 그리고 이러한 주제 선정 방법을 통해 전공지식을 일부나마 미리 학습해보며 대학에 입학하여 배울 준비가 되어 있다는 모습을 보여줄 수 있었다고 생각합니다.

전공, 진로를 먼저 이해하자! 합격 선배의 학교생활 2.

경영학부(과)라 하면 무엇이 떠오르시나요? 고교 시절의 저는 마케팅 위주로 생각했었습니다. 하지만 대학에 와서 전공 수업을 들어보니, 경영학 속에서 마케팅은 한 축에 불과했습니다. 실제로 저희 학교 경영학 속에는 "재무관리, 인사/조직, 마케팅, MS/MIS, 전략/국제경영/무역, 회계, 경영일반 등"의 여러 전공들이 존재하고 있습니다. 앞서 언급한 경영학 전공들 중에서 대부분의 여러분들에게 가장 익숙한 것은 아마 마케팅일 것입니다. 하지만 여러분들이 대학생이 된다면, 마케팅 외 타 전공들도 심층적으로 배우게 되기 때문에, K-MOOC 등의 대학 강의들이 무료로 제공되는 여러 교육 사이트를 통해 여러분의 여러 경영학 전공과목에 대한 체험과 관련 시야를 넓히셨으면 좋겠습니다. 그리고 꼭 경영학을 원하는 분들이 아니더라도, 본인이 알고 있는 것과 실제 전공에서 배우는 데는 차이가 있을 수 있습니다. 꼭 전공에 관하여 학습해보면서, 다양한 관련 분야에 대한 시야를 더욱 확장해보시길 바랍니다.

전공, 진로를 먼저 이해하자! 합격 선배의 학교생활 3.

여러분이 관심을 가지고 있는 전공 분야와 관련된 도서를 인터넷에 검색해보세요. 그러면 해당 도서의 목차를 쉽게 확인해보실 수 있을 것입니다. 목차 속 여러 주제 중 관심이 가는 주제를 활용하여 탐구 및 발표 주제를 선정한다면 여러분이 지망하는 전공 분야와 관련된 지식 및 시야를 확장하는 데 도움을 얻을 수 있겠죠? 도서가 아니라도 괜찮습니다. 유튜브나 K-MOOC 등의 온라인 무료 대학강좌 등을 활용하는 것도 좋은 방법이기 때문입니다. 특히 K-MOOC를 활용하시면 향후 대학생이 되어서 듣는 수업을 미리 체험하고 경험해보면서 더욱 폭넓게 전공 관련 주제를 만나보실 수 있습니다.

전공, 진로를 먼저 이해하자! 합격 선배의 학교생활 4.

우선 저 같은 경우, 가장 먼저, 지원하려 했던 학교와 학과 홈페이지를 통해 어떤 내용을 배우는지 체계적으로 파악하였습니다. 배우는 내용을 파악한 후 그와 비슷하고 연관된 주제를 선정하려 노력하였습니다. 특히 대학에서 배우게 될 내용이 교과 시간에 배운 내용과 연관되는 것이 있으면 무조건 능동적으로 발표나 보고서 작성 활동에 참여하여 호기심을 어필하려 했습니다.

저는 이렇게 대학에서 배울 내용과 고등학교 교과 시간에 배운 내용이 연관된 주제가 가장 유익하고 효율적이라고 생각합니다. 진심으로 전공을 희망하고 있는 모습을 직접적으로 보여줄 수 있을뿐더러, 학교 수업 시간에 충실하게 학습한 내용을 전공과 관련된 호기심으로 연결할 수 있기 때문입니다. 예를 들어 영어, 국어 교과 시간에 배운 지문, 사회시간 교과서에 있는 생각/탐구하기 파트의 주제 등을 기본으로 하고 이를 대학 홈페이지를 통해 얻은 내용, 정보에 접합시켜 더 발전시켜 탐구하는 방법도 가능합니다.

단, 여기서 주의할 점은 너무 억지로 주제를 연관시키면 안 된다는 것입니다. 전공에 대해 호기심을 보여주려다 이해하지 못하고 억지로 했다는 인상을 줄 수 있기 때문입니다. 자연스럽게 대학에서 배우게 될 포괄적인 주제와 소재를 활용하는 것을 추천합니다. 그리고 간혹 한 번씩 시간에 여유가 있을 때 다소 생각하고 배워야 할 것이 많은 전문적인 내용을 주제로 선정하는 것이 좋습니다.

전공, 진로를 먼저 이해하자! 합격 선배의 학교생활 5.

저는 고등학생이었을 때, 어떻게 하면 그 교과수업 시간에 제가 진학하고자 하는 학과와 관련된 활동을 만들어낼 수 있을지 수없이 고민했습니다. 우선 영어영문학과에 진학하고 싶었던 저는, 영어학과 영문학과 관련된 활동이 무엇일까 생각하며 학과 홈페이지에서 배우는 교과목들을 살펴보고 고등학생으로서 이 과목들을 수강하기 위해 필요한 기초적인 지식을 쌓으려 노력했습니다. 처음에는 영어단어와 문법에만 집중했습니다. 아무리 영어에 관심이 많아도 실력이 없으면 더 깊이 있는 의미를 파악할 수 없을 뿐만 아니라 전체적인 흥미 또한 떨어진다고 생각했기 때문입니다. 그래서 실력을 충분히 쌓은 이후에 다양한 영어 이론들을 찾아 공부했습니다. 그 당시에 정확히 이해하지는 못했지만 이렇게 찾아보려 노력한 이유는 대학생이 되면 그 과목들을 바로 공부해야 했기에 약간의 두려움과 낯선 감정들을 줄이기 위해서였습니다. 또한 이렇게 전공을 공부하기 위해 준비했던 노력이 학교생활기록부 평가에도 긍정적인 영향을 주었다고 생각합니다.

전공, 진로를 먼저 이해하자! 합격 선배의 학교생활 6.

저는 최대한 전공과 관련된 정보들을 먼저 찾고자 노력했습니다. 행정학과 진학을 목표로 했기 때문에 특히 사회, 시사, 정부와 관련된 것을 찾게 되었습니다. 다양한 정보를 찾고자 노력한 덕분에 조금만 생각해보면 수많은 분야의 활동을 전공과 연결할 수 있다는 사실을 알 수 있었습니다. 또한, 정부와 연관되지 않은 건 단 한 개도 존재하지 않았다는 것을 깨닫게 되었습니다. 행정과 관련이 없다고 흔히 생각할지도 모르는 환경, 과학 분야도 결국 정부가 정책을 시행하는 데 있어 각각 환경보존(그에 대한 일종으로 전기차 지원), 디지털 뉴딜 및 자율주행 자동차 관련 법안 등으로 연결할 수 있었습니다. 문학도 문학 작품 속 사회의 부분이 나오고 그에 대한 비판 및 생각해야 할 문제들이 나왔습니다. 이러한 식으로 전공과 관련된 정보들을 먼저 찾아보다 보면 다양한 분야와의 연결점을 쉽게 찾아낼 수 있습니다.

하지만 전공과 관련된 정보를 찾기 어렵다면 먼저 '전공'에 관한 명확한 정의를 이해해보는 것을 추천합니다. 저도 고등학교 2학년 전까지는 전공과 관련된 정보를 찾는다고 생각하면 너무 어려웠습니다. 행정학에서 주로 연구하는 정부가 도대체 어떤 일을 하는지에 대해서 확실히 알지 못했기 때문이었습니다. 그래서 저는 정부에 대해 이해해보려 노력했습니다. 우선 다양한 신문을 읽으면서 정부가 하는 일을 이해하는데 도전했습니다. 이를 통해 정부는 이 세상의 모든 것, 법 및 정책과 관련되어 있다는 사실을 알게 되었습니다. 그리고 이 사실을 알고 난 후에는 신문을 계속 읽으면서 시사 속 정부의 역할들을 더욱 이해하기 시작했습니다.

그러다 보니 점차 다른 과목을 배울 때 어? 이거 어떤 시사와 관련이 있는데? 라는 생각이 들기 시작하며 주제도출/선정을 하기 편해지게 되었습니다. 즉 전공의 연구 분야에 대해 이해하고 관련된 정보들을 찾으며 이해를 높이니, 자연스럽게 전공 관련 주제들이 나오기 시작했던 것입니다. 여러분도 전공과 관련된 정보를 찾는 일이 어렵다고 느껴지신다면, 전공에 관하여 먼저 이해하는 데 시간을 써본 후 다시 정보를 찾아보시길 추천합니다.

특히 만약 저처럼 행정학과를 진학하기를 원하는데 주제도출/ 선정이 잘 안 되는 것이라면 정부의 역할이 무엇인지 정확히 규정되지 않았을 가능성이 높거나 시사에 관하여 아직 잘 모르셔서일 가능성이 있습니다. 모든 사회 현상에 정부가 관여되어 있는 만큼 주제도출/선정 자체는 사실 다른 전공에 비해 쉬운 편이라고 생각하지만, 그것 자체가 어렵다면 전공에 관한 이해가 아직 부족하여 시사에 관해서 제대로 바라보고 있지 못할 가능성이 가장 크기 때문입니다. 행정학을 꿈꾸신다면 먼저 정부의 역할에 대해 고민하고 조사하시기 바랍니다. 가장 단순하면서도 간편하게 제 스스로 정의를 내린 것은 정부는 "이 세상의 모든 것이 잘 돌아가도록 나름의 법과 정책을 시행하는 기관"이라는 것입니다. 이렇게 생각하고 신문을 읽기 시작하여 시사를 알기 시작한다면 나중에는 교과서를 배우면서 자연스럽게 시사와 연결 할 수 있을 것입니다. 가령 시사에서 4차 산업혁명을 위해 정부에서 실시하는 디지털 뉴딜 정책이 나오고 과학에서 물리를 배운다면 어? 반도체, 전기차? 등을 생각하며 나름대로 연결을 할 수 있을 것입니다. 물론 제가 생각하는 정부의 개념은 100%가 아니고 정답도 아닙니다. 그저 저만의 예시를 든 것뿐입니다. 정부의 정의에 대해서 후배님들이 다시 한번 생각해보는 것을 추천합니다.

세특 관리 노하우 7.
무엇이든 전공, 진로 연결에 도전해보자!

선배들은 전공 혹은 진로와 직접적인 관련이 없는 활동도 허투루 보지 않고 전공, 진로와 연결하기 위해 노력해왔습니다.

물론 연결되지 않는데, 억지로 끼워 맞추는 활동은 오히려 단점이 될 수 있습니다. 하지만 전공, 진로와 연결해보려 노력하고 고민하는 과정에서 창의적인 아이디어가 만들어지기도 하고, 당장 주어진 상황에 맞지 않는 주제라 하더라도 추후 다른 활동에서 활용 가능한 주제들이 만들어지기도 하기에 장점이 되는 경우가 많습니다. 또한, 이러한 시도를 통해 스스로 전공 혹은 진로와 관련된 지식이 함께 쌓이니 충분히 유의미한 시도라고 할 수 있습니다.

전공, 진로와 연결짓기 위해 노력한 선배들의 학교생활을 살펴보고 우리도 다양한 교내 활동에서 전공, 진로와 연결해볼 방법을 고민해봅시다. 그리고 더욱 창의적인 활동, 전공에 관한 고민과 이해가 담긴 활동들을 계획해봅시다.

무엇이든 전공, 진로와 연결해보자!
합격 선배의 학교생활 1.

우선, 어떤 과목이던 자신의 진로와 엮어서 작성해보세요.

저는 기본적으로 모든 과목의 세특을 제 진로인 '영어' 혹은 '언어'와 엮으려고 노력했습니다. 생명과학이나 수학 같은 제 진로와 직접적으로 연관성이 보이지 않는 과목들도 어떻게든 연결점을 찾으려고 노력했고, 그 결과 '제2 외국어 사용 시 초기언어학습자와 후기언어학습자의 뇌의 활동량 비교' 등 오히려 저만의 특별한 탐구주제를 찾을 수 있었습니다. 또한, 이렇게 창의적으로 설정할 수 있었던 주제는 제 생기부와 자소서의 강점으로 활용할 수도 있었습니다. 그리고 비주류 과목처럼 보이는 '음악', '미술'의 세특도 소홀히 하지 않고 꼭 챙기라고 당부드리고 싶습니다. 예술 분야도 전공과 다양하게 연결할 수 있는 부분들이 있습니다. 이를 활용한다면 다른 학생들과는 차별화된 활동 주제들을 선정할 수 있습니다. 꼭 활용해보세요.

무엇이든 전공, 진로와 연결해보자!
합격 선배의 학교생활 2.

저의 꿈은 기자였습니다. 그중에서도 기자로서 소비자 문제를 중점적으로 다루고 싶었습니다. 그래서 소비자학이란 전공을 희망했지만, 직접적으로 관련된 고등학교 교과목이 없었기 때문에 다양한 학교 수행평가, 사설 읽기 등을 통해 소비자학에 대한 관심을 보여주려고 노력했습니다. 동아시아사 인터뷰 수행평가에서도 소비의 중요성을 강조하신 박제가 선생님을 인터뷰했습니다. 또한 사설 읽기 활동은 주제가 자유였을 때, 소비자 관련 사설을 읽었습니다. 이처럼 고등학교 정규 수업에 없거나, 관련 활동이 적은 학과도 잘 찾아보면 연결성을 만들 수 있습니다. 생소한 학문이라도 학교 수업과 최대한 연결 지을 수 있는 부분을 생각하면 좋습니다!

또한 저는 기자가 되기 위한 역량도 함께 보여줘야 했습니다. 따라서 학교 수업 시간 중, 기자에 대한 저의 꿈을 표현할 수 있도록 노력했습니다. 예를 들어, 논술 시간에 자유주제로 책을 쓰는 활동에서 저는 진로에 관한 관심을 나타내고자 했습니다. 친구들의 대부분은 글을 쓰기 쉬운 소설을 택했습니다. 하지만 저는 지역 기자분을 직접 인터뷰하고, 책을 썼었습니다. 이 활동은 다른 친구들과 다르게 진행한 부분이 제 적극성을 잘 보여준다고 생각해 면접 시 자기소개 질문의 답변으로도 활용할 수 있었습니다.

무엇이든 전공, 진로와 연결해보자!
합격 선배의 학교생활 3.

진로에 대해서 탐구를 하는 것은 생활기록부에 필수적으로 들어가야 할 요소 중 하나라고 생각했습니다. 저는 제 꿈이 광고기획자였기 때문에, 항상 주제를 잡을 때는 '광고'라는 키워드를 생각했습니다. 위에 적지는 않았지만, 예를 들면 일본어 시간에 보고서를 쓸 때, 일본의 광고에 대해서 보고서를 썼습니다. 또 확률과 통계 시간 때는 '미디어 멀티태스킹과 광고 효과의 상관관계'를 주제로 인포그래픽을 만들기도 하였습니다. 즉, 어떤 과목이든 큰 주제가 정해진다면, "일본과 광고?", "확률과 광고?", 억지로라도 우선 진로와 해당 활동을 연결하고자 하였습니다. 그러다 보면, 나름의 가치 있는 주제를 찾을 수도 있었습니다.

무엇이든 전공, 진로와 연결해보자!
합격 선배의 학교생활 4.

자신의 진로와 연관성이 있는 주제를 선택하는 것이 중요하다고 생각했습니다. 저는 주제를 탐구하는 과정에서, 최대한 저의 진로와 관련이 있는 주제를 선정하여 제가 전공에 적합하다는 것을 드러낼 수 있도록 노력했습니다. 단순히 학습 내용을 나열하는 것보다는, 수업 시간에 발표나 보고서를 작성하는 수행 평가가 있다면 진로와 연관된 주제를 선정했습니다. 수학과 경제학을 연결 지었고, 사회 과목에서 기업에 관한 보고서를 작성하는 등 여러 과목에서 진로와 연관이 있는 주제를 찾으려 노력했습니다.

자신의 진로와 연관이 깊거나 중요하다고 생각하는 과목에는 더욱 신경을 썼습니다. 저는 경상 계열을 꿈꾸었다 보니, 수학 과목이 중요하다고 생각했습니다. 수학 분야에서 배운 내용과 관련하여 추가적인 내용을 탐색하는 등 심화 활동을 하려 노력했고, 그 내용을 자기소개서에까지 작성하였습니다. 또한, 면접에서 관련 질문을 받아 제가 한 노력을 말씀드릴 수도 있었습니다.

무엇이든 전공, 진로와 연결해보자!
합격 선배의 학교생활 5.

먼저 이전에 내가 가고 싶은 학과가 무엇인지, 진로가 무엇인지 깊게 고민해보는 시간이 필요한 것 같습니다. 꼭 정확하게 OO학과라고 정해지지 않더라도 대략의 방향 정도로도 충분합니다. 이것을 정했다면 이제 3년간의 큰 플랜을 계획해야 합니다. 1학년 때는 어떤 과목에서 내 관심도를 드러낼 수 있을지, 이를 그대로 끌고 가서 2학년 때는 한층 더 심도 깊은 탐구를, 3학년 때는 더 전공과 관련지어 높은 학습능력을 보여줄 수 있어야 합니다. 예를 들어 내가 가고 싶은 학과가 '마케팅' 방향이라면, 마케팅을 모든 과목에 적합해 보는 것이 우선 필요합니다. 하지만 문제점에 봉착하게 됩니다. '수학, 과학은 마케팅과 무슨 관련이 있을까?'와 같은 생각에 부딪히게 됩니다. 하지만 자세히 들여다보면 수학에서 배운 확률과 통계를 마케팅에 접목해 고객의 반응도를 확률로 분석해보고, 또 설문조사 역시 통계라는 사실을 가지고 마케팅과 접목할 수 있을 것입니다. 이처럼 모든 과목을 넓게 생각하고 진로와 연관 지어 보려는 시도가 중요합니다.

또 반드시 진로와 연결하여 '더 나아간 학습'을 만들어야 합니다. 예를 들어 영어 시간에 지문을 선정해 발표하는 수업을 한다고 하면 단순히 지문 내용을 요약하고 사례만 조사해 발표하는 것이 아니라, 더 심화한다는 생각으로 구체적으로 파고들어 지식을 넓게 쌓으시길 추천합니다. 만약 선정한 지문이 '공정무역'에 관한 지문이라면, 공정무역에 관한 다른 분야들까지 더 넓게 조사해보고 나의 진로인 '공정무역 마케팅 중 OO에 대한 사례와 문제점, 해결방안' 등을 발표해보는 것입니다. 이때 자료 조사는 논문, 동영상, 신문 기사 등 다양한 자료를 먼저 읽어본 후 필요한 문장을 발췌해서 적고 이를 다시 자신의 말로 정리하면 더욱 학습하는데 수월합니다. (출처는 반드시 명확하게 기재하는 것이 좋습니다) 또한, 발표를 준비할 때는 추상적 개념만을 소개하는 데 그치지 않고, 구체적인 부분으로 더 좁게 파고들어 설명하는 것이 좋습니다. 이러한 방법으로 전공 관련 호기심을 해결함과 동시에 깊게 이해하기 위해 노력함으로써 더 많은 지식을 습득해 자기소개서나 면접에서도 어필할 수 있습니다.

무엇이든 전공, 진로와 연결해보자!
합격 선배의 학교생활 6.

어떤 과목이든 제 진로인 '교육'과 연관 지으려 노력했던 것 같습니다. 저만의 주제 선정 노하우는 '뭐든 진로와 연관시킬 것'입니다.

이 방법의 장점은 생기부가 자신의 진로와 관련하여 활동 간 연관성이 생기고 더 깊이 있어 진다는 것입니다. 예를 들어 '교육'과 관련된 활동을 많이 진행하다 보면, 활동이 서로 다른 과목끼리도 이어져 유기적으로 연관성이 생기다 보니 더 깊이 있는 활동으로 이어집니다. 그렇기에 전공 적합성을 높일 수도 있고, 자신의 진로와 관련된 학과를 지원할 때에도 유리하게 평가받을 수도 있습니다.

하지만 단점으로 진로가 바뀌는 경우 약해질 수 있다는 점이 있습니다. 진로가 바뀐다면 그동안 하나의 진로만을 추구해 왔기 때문에 난감할 것입니다. 하지만 진로가 완전히 반대로 바뀌지 않는다면 진로가 바뀌어도 이전 활동이 다 무용지물이 되는 것이 아니라 연관 지을 수 있는 활동은 분명히 있습니다. 저도 3학년 때 진로를 갑자기 독일어와 관련된 진로로 바꾸어 많이 걱정하였지만 1, 2학년 때 했던 활동들과 연결할 수 있는 연계점들을 찾을 수 있었습니다. 이를 통해 충분히 1, 2학년 활동들을 3학년 활동들과 연관시킬 수 있었습니다.

무엇이든 전공, 진로와 연결해보자!
합격 선배의 학교생활 7.

전공과 직접적으로 관련된 과목을 이수하지 않았더라도 고민해보면 충분히 다른 교과목에서도 전공 분야를 조화시켜 탐구활동을 할 수 있다는 것을 말씀드리고 싶습니다. 저는 법조인을 희망하고 있는데 정치와 법 과목을 듣지 않았습니다. 그래서 다른 교과목에서 법 분야를 조화시켜 탐구활동을 했습니다. 특히 토론이나 토의를 진행할 때, 법에 근거한 답변을 하며 조금 더 차별화된 발표를 할 수 있었다고 생각합니다. 예를 들어 어떤 제도의 도입과 폐지에 대해 논할 때 이 제도의 도입이 헌법에서 규정하고 있는 인간으로서의 존엄과 가치를 침해하고 있다는 이유로 폐지를 주장할 수도 있었고, 반대로 국가안전보장·질서 유지·공공복리를 위해 필요한 경우에 한하여 법률로써 국민의 기본권 행사에 제한을 둘 수 있다는 규정을 근거로 하여 제도의 도입을 주장할 수도 있었습니다.

무엇이든 전공, 진로와 연결해보자!
합격 선배의 학교생활 8.

과목의 특성에 얽매이지 않고 나의 진로와 관련 있는 주제를 고민해보셨으면 좋겠습니다. 저의 세특은 대부분 저의 진로 희망인 '방송 PD'와 관련된 언론, 영상 등의 주제로 이루어져 있습니다. 수학이든, 윤리와 사상이든 간에 얼마든지 조금만 고민하면 나의 진로와 관련된 유의미한 주제를 찾을 수 있습니다. 예컨대, 제가 현재 멘토링을 하고 있는 고등학교 1학년 학생이 저에게 '과학 수행평가로 과학 진로 글쓰기를 하는데, 과학을 경제학과 관련지어 어떻게 글을 쓸 수 있을까'라는 질문을 주었습니다. 저는 이에 대해 '경제학을 과학적 관점에서 접근하고, 한계효용체감의 법칙, 균형 이론의 중립성 등 과학으로서의 경제학이 지닌 중요성을 언급'하면 좋을 것 같다고 했으며, '결론적으로 내가 관심 있는 경제학이 과학과 이렇게 밀접한 관련이 있고, 따라서 앞으로의 과학 공부가 내 진로에 큰 도움이 될 것임을 강조하며 마무리하면 좋을 것 같다'고 답변해주었습니다. 이처럼 꼭 경제 과목에서만 경제학 관련 탐구활동을 할 수 있는 것이 아닙니다.

하지만 이때 억지로 짜 맞춘 듯한 활동은 오히려 작위적으로 보여 역효과를 불러일으킬 수 있습니다. 해당 활동과 나의 진로의 특성에 대해 충분히 이해하려 노력하는 것이 선행되어야 합니다.

세특 관리 노하우 8.
활동의 연결점을 찾아내자!

선배들은 하나의 활동을 진행하더라도, 다른 활동과의 연계점은 없을까 고민하면서, 최대한 학교생활기록부를 유기적으로 연결하는 데 집중했습니다.

이러한 노력 속에 본인만의 '강점을 보여줄 키워드'를 찾은 선배도 있었으며, 스스로 '진로를 구체화'할 수 있었던 선배도 있었습니다. 특히 활동 경험을 연결하면서 선배들은 본인의 '관심 분야'를 일관적으로, 깊게 탐구해본 모습을 학교생활기록부에 녹여낼 수 있었습니다. 다양한 교내 활동에서 학습한 내용을 다른 활동에 연결하여 더 깊게 탐구해봄으로써 주도적으로 지식을 확장해나가는 모습을 보여준 것입니다.

지금부터는 활동과 활동 간의 연결점을 찾아 역량을 강조한 선배들의 학교생활을 살펴보고 우리도 연결해볼 수 있는 다양한 교내 활동을 찾아봅시다. 그리고 나만의 관심 분야를 찾아 학생부 전반에 녹여내고, 다방면으로 관심 분야 관련 지식을 주도적으로 확장할 수 있는 활동들을 계획해봅시다.

활동의 연결점을 찾아내자! 합격 선배의 학교생활 1.

저는 모든 활동에 연결고리를 만들려고 했습니다. 예를 들어, 저는 영어 동화책 번역 '봉사활동'을 하며 생긴 궁금증을 관련 전문 서적 '독서 활동'을 통해 해결하였고, 이 과정을 '세부능력 및 특기사항'에 작성했습니다. 이와 같이 세부적인 활동들을 독립적으로 구성하여 일회성으로 끝내는 것보다, 봉사 > 탐구 > 세특 등으로 이어지는 연결고리가 있는 것이 좋습니다. 이러한 노력이 학생의 끈기, 학습 능력 그리고 전공에 대한 관심도를 보여주고, 전반적으로 통일된 학교생활기록부를 완성하는 데 도움이 되기 때문입니다.

활동의 연결점을 찾아내자! 합격 선배의 학교생활 2.

세부능력 및 특기사항, 동아리 활동 등 생기부의 여러 부분을 통합하는 주제도 좋습니다. 예를 들어 동아리 활동에서 주제로 다루었거나 실험했던 것과 관련된 내용을 학교 교과 수업 시간에 배웠다면, 해당 내용을 같은 주제가 아니라 조금 다른 방향으로 발전시키거나, 구체화한 주제로 다루는 것입니다. 너무 다양한 소재를 주제로 활동을 선정하는 것보다 내가 해봤던 활동, 내가 조사해본 활동들을 교과 시간 수업과 보고서 작성, 발표에 연결하여 더 성장하고 더 난이도 있는 활동을 했다는 점을 충분히 보여주는 것이 좋다고 생각합니다.

활동의 연결점을 찾아내자! 합격 선배의 학교생활 3.

당연하게도 우리는 대학에 진학해야 하기에, 진학하고자 하는 학과와 관련된 주제를 도출해내는 것이 전공 적합성을 보여주는 데 중요합니다. 하지만 어렵죠. 제가 추천하고 싶은 방법은 '교과 외 활동을 교과 학습 활동으로 끌어오기'입니다. 제 세특의 경우에도, 대부분의 탐구활동이 책에서 읽었던 내용을 수업 시간에 배운 내용에 재적용시켜보거나 여러 학습동아리에서 다뤘던 이슈나 내용들을 수업 시간에 배운 개념과 연결하여 다시 탐구한 활동들로 구성되었습니다. 예를 들어, 1학년 때 책에서 스타벅스가 일부러 서로 가까운 곳에 위치한다는 내용을 읽었는데 2학년 한국지리 시간에 집적이익이라는 개념이 등장했을 때, "어? 이거 책에서 봤던 스타벅스 내용이랑 비슷한데?"와 같은 식으로 주제를 확장 시켜 나가는 경험을 했었습니다. 이렇게 활동들을 연결해나가며 지식을 점점 확장하는 경험이 중요한 것 같습니다.

활동의 연결점을 찾아내자! 합격 선배의 학교생활 4.

모든 주제에 자신의 진로를 연관시키기는 어렵습니다. 그럴 때는 자신의 삶을 돌아보며 가까운 데서 주제를 잡는다면 보다 재미있게 준비를 할 수 있습니다. 저의 경우에는 기숙사 생활을 개선하는 것이 제 삶의 큰 필요였기 때문에 여기서 많은 주제를 도출할 수 있었습니다. 기숙사 생활을 하면서 관찰할 수 있는 이슈들이 모두 제 탐구 대상이 되었습니다. 또한 화법과 작문 시간에는 '맘스터치 식사점 탐구'를 주제로 보고서를 작성하는 등 학교 주변 햄버거집에서도 주제 찾아 탐구했습니다. 너무 거창하게 생각하기보다, 가장 개인적인 것이 창의적이라는 말처럼 주제 선정에 큰 부담을 갖지 않았으면 좋겠습니다. 또한, 편하게 자신의 일상 경험을 연결키는 활동들을 진행함으로써 현실에 대한 본인의 성찰적인 모습을 대학에 보여줄 수 있다고도 생각합니다.

그리고 도저히 주제가 떠오르지 않을 때는 자신이 한 옛 발표, 보고서를 생각해보면 더욱 좋습니다. 다양한 모습을 보여주는 것도 중요하지만, 관심 있는 주제에 대해 더욱 심층적으로 나아가는 것도 훌륭한 연구자의 자세이기 때문입니다.

활동의 연결점을 찾아내자! 합격 선배의 학교생활 5.

생활기록부의 여러 항목들을 연계시켜 작성할 수 있다면 일관된 생기부를 완성하는 데 도움이 됩니다. 특히 수업 내용에서 진로와 관련된 주제를 찾기 어렵다면, 창의적 체험활동과 같은 생활기록부의 다른 항목과 연관 짓는 것도 하나의 방법입니다. 저는 영어 조장을 맡았던 경험을 바탕으로 협력과 리더십의 의미를 되새길 수 있었고, 이후 진로 멘토링 프로그램에서 팀별 프로젝트를 진행하면서 생겼던 갈등을 적극적으로 해결할 수 있었던 경험을 자기소개서에 작성하였습니다. 또한 사회 시간에 배우는 사회적 약자와 소수자, 윤리적 딜레마 등 다양한 이슈에 대해서 동아리 활동에서 토론을 진행해 보는 등 특별히 진로와 연관되지 않아 보이는 활동도 생활기록부의 여러 항목에 연계시켜 진정성 있는 생기부를 완성할 수 있었습니다.

활동의 연결점을 찾아내자! 합격 선배의 학교생활 6.

진로가 없으면 어떡할까요? 혹은 하고 싶은 것이 많아 학과를 여러 개 고민하고 있으면 어떡할까요? 이때는 1, 2학년 때 다양한 분야로 학습하는 것이 필요합니다. 특히나 융합적 사고가 필요합니다. 수학과 사회 과목을 합해보고, 미술과 국어 과목을 합해보는 등 다양한 방법이 가능합니다. 예를 들어 수학 시간에 배운 확률을 이용해 재판에서 유죄일 확률 등을 다룬다거나, 국어 시간에서 배운 지문을 활용해 미술 시간 글자 디자인을 한다거나 하는 등과 같이 과목과 과목을 유기적으로 결합해보는 활동들을 진행하며 융합적인 사고능력을 기르다 보면, 입시 기간에 남들과는 다른 다양한 자료들을 가질 수 있을 것입니다.

활동의 연결점을 찾아내자! 합격 선배의 학교생활 7.

연계성을 만들려고 노력했습니다. 연계성이란 활동들 간의 연결된 정도를 의미합니다. 학생부의 내용이 학년별로, 또 영역별로 별개라고 생각하는 학생들이 많지만, 실제로 일회성을 띠는 비교과 활동은 대부분 큰 의미가 없다고 생각했습니다. 이전에 했던 활동의 아쉬웠던 점을 보완하는 활동을 하거나 현실에서 문제의식을 느꼈던 부분을 주제로 삼아 활동하는 등 연속된 공부를 통해 심층적으로 심화되는 활동들을 드러내려 노력했습니다.

예를 들어 저는 법과 정치 시간에는 제가 학생자치회 부회장으로서 학생자치회 선거에 대해 느꼈던 문제점을 연계해 구체적으로 탐구하여 발표했었습니다.

법과 정치 시간에 선거제도에 대해 공부하면서 공정성 등 선거제도에 필요한 특성들을 알게 되었습니다. 그 후 저는 학생자치회 선거 일정과 시행 과정의 문제점에 대해 정리하면서 제가 느꼈던 문제점을 해결하는데 배운 것들을 적용해보자는 아이디어를 낼 수 있었습니다. 특히 선거 일정 중 시험 직전에 후보자 등록이 이루어진다는 점, 합동 연설에서의 개선점을 중점으로 발표하였습니다. 특히 저는 '민주주의의 실천을 학교 현장에서 학생들이 직접 경험하고 실천하는 일이 얼마나 소중한가'에 중점을 두고 개선의 필요성을 강조하면서, 수업 시간에 배운 내용을 정말 이해했다는 것도 어필할 수 있었습니다. 이 활동을 통해 저는 실제로 학생자치회 임원으로서 개선방안을 적용해보며 보람도 얻을 수 있었고 자율활동과 교과 활동을 연결하여 연계성도 확보할 수 있었습니다. 심지어 선생님께서

제 경험을 연결하여 문제를 해결하려 노력하는 모습을 보시며 적극성을 좋게 봐주셔서 학교생활기록부에도 반영될 수도 있었습니다.

또한 독서와 문법 시간에는 사회문화 교과 시간에 배운 이론을 접목하여 교과 활동 간의 연계에 도전했습니다. 교과 간 경계를 허물 수 있다는 것은 곧 교과 내용을 정확히 이해하여 나만의 지식으로 만들었다는 긍정적인 모습을 보여줄 수 있다고 생각했기 때문입니다.

독서와 문법 시간에 저는 문학 주제 탐색 활동에서 '난쟁이는 지금도 작은 공을 쏘아 올린대'를 주제로 발표를 진행했습니다. 소설 속 현실을 보면서 사회문화 시간에 학습한 사회적 불평등에 관련된 내용을 접목했습니다. 그리고 관심 분야인 '교육'과도 연결하여, 교육이 사회적 불평등 해소에 미칠 수 있는 영향력을 분석하고 접근 기회의 평등, 교육 결과의 평등을 통해 사회적 불평등이 해소될 수 있다는 것을 탐구하여 발표했습니다. 이를 통해 저는 제 진로와 연결되어 있으면서도 서로 다른 교과목을 연계할 수 있었습니다. 그리고 선생님께서 해당 발표가 친구들에게 미칠 수 있는 교육적 효과의 측면에서 우수한 발표였음을 인정해 주시며 학교생활기록부에도 반영해주셔서 만족스러운 활동 결과도 얻을 수 있었습니다.

마지막으로 영어 회화 시간에 저는 독서 활동과의 연계성을 확보하려 도전했습니다. 제가 생각한 좋은 독서 활동은 동기, 과정, 결과로 이어지는 지적 호기심의 연장선이었기 때문입니다.

저는 영어 회화 시간에 '학령기의 아이들에게 부정적인 영향을 미치는 칭찬'을 주제로 선정해 발표를 준비하고 있었습니다. 준비 과정에서 저는 올바른 칭찬 방법에 관해 알고 싶었고 그래서 '독이 되는 칭찬 약이 되는 꾸중(김해경) 도서를 찾아 읽었습니다. 이를 통해 아이의 재능보다 노력을 인정해 줌으로써 자신감을 키워주는 방향으로 칭찬해야 한다는 점을 배울 수 있었죠. 또한, 도서의 내용을 읽으며 새로 관심 가지게 된 '정서 자극이 학습에 미치는 영향에 관해서도 발표할 수 있었습니다. 이 활동을 통해 저는 '칭찬의 역효과, 좋은 수업이란 무엇인가?'에 관하여 고민해볼 수 있는 새로운 배움의 기회를 마련할 수 있었고 전공과 관련된 활동을 독서활동상황과 세부능력 및 특기 사항 모두에 반영할 수 있었습니다. 또한, 이렇게 교과 활동 과정에서 생긴 궁금증을 독서 활동으로 풀어가려는 태도가 교과목 선생님께도 적극성의 측면에서 긍정적으로 비춰져 더욱 유의미한 기재사항도 받을 수 있었습니다. 여러분도 다양한 교과 활동을 연계하거나, 도서를 적극적으로 활용해서 연계성을 고려한 탐구 및 발표 주제를 수월하게 선정해보시길 추천합니다.

세특 관리 노하우 9.
학년에 맞게 발전하는 모습을 보여주자!

선배들은 이전 학년에 했던 활동과 현재 학년에서의 활동 간의 연계를 고민해보며 활동의 깊이를 더하려 노력했습니다.

특히 선배들은 1학년 때 다소 정보가 부족하다 보니 추상적으로 탐구했던 주제들을 2학년, 3학년 활동 주제로 끌어왔습니다. 그리고 더욱 구체적인 분야까지 탐구함으로써 '전공, 진로', '관심 분야'에 관한 지식을 넓혀나갔습니다. 이러한 노력은 학교생활기록부에도 반영되어, 선배들이 3년 동안 발전하기 위해 고민한 모습들이 자연스럽게 드러나 하나의 장점이 되었습니다.

학년이 지날수록 성장해나간 선배들의 학교생활을 살펴보고 우리도 지난 활동들에서 아쉬웠던 주제, 혹은 호기심이 남았던 주제들을 돌아봅시다. 그리고 본인이 기르고 싶은 역량 혹은 지식을 확장하고 싶은 분야에 맞추어 현재 진행 중인 활동들과 연결해, 우리도 고등학교 생활하는 동안 지속하여 성장해왔다는 강점을 만들어봅시다.

발전하는 모습을 보여주자! 합격 선배의 학교생활 1.

자신의 활동을 점차 심화시킬 수 있도록 하는 것이 좋습니다. 학년이 올라갈수록, 여러분들이 더욱 깊이 있는 수준의 탐구를 했다는 것을 보여주는 것입니다. 예를 들어, 1학년 때는 생명과학을, 2학년 때는 의학을, 3학년 때는 정신의학을 탐구하는 방식으로 점차 진로에 관한 생각이 깊어지면서도 점진적으로 심화되는 주제로 탐구하는 모습을 생활기록부에 담을 수 있도록 하는 것입니다. 만약 주제를 선정하는 데 어려움이 느껴진다면, 여러분들의 전 학년도 생활기록부를 천천히 읽어보면서 올해 연계해볼 수 있을 만한 활동을 찾아보는 것을 추천합니다. 너무 새로운 것으로 심화 주제를 찾으려고 하면 보이는 것이 적지만, 과거 했던 활동들을 다른 분야와 연결 짓거나 새로운 방향으로 주제를 선정하다 보면 자연스럽게 더욱 발전된 주제를 만들어낼 수 있기도 합니다.

발전하는 모습을 보여주자! 합격 선배의 학교생활 2.

저는 1학년 때 했던 활동을 2, 3학년 활동에 연결 지어 탐구해보려 노력했습니다. 저는 항상 학교생활기록부에 기재된 활동들을 따로 기록해두었습니다.

2학년에 올라가서 살펴보니 1학년 때는 조금 더 포괄적이고 추상적으로 발표하게 되는 경우가 많았습니다. 그래서 2학년, 3학년 올라가면서는 1학년 때 조사했던 부분을 더 깊게 파고 들어보는 탐구활동들을 진행하려고 노력했습니다. 예를 들어, 1학년 때는 단순히 인공지능에 관해서 조사한 적이 있었는데, 2학년 때는 인공지능이 전공 분야에 어떻게 활용되고 있는지 조사했습니다. 또한, 3학년 때는 인공지능의 머신러닝에 관해서 조사하면서, 사회에서 주로 활용되는 알고리즘에 관하여 탐구해보기도 했습니다. 이러한 식으로 활동 주제들을 선정하면서, 고등학교 학년이 높아지면서 스스로 점점 발전할 수도 있었고 학교생활기록부에도 그러한 발전이 잘 드러났었던 것 같습니다.

세특 관리 노하우 10.
주어진 기회를 최대한 활용하자!

이 외에도 선배들은 주어진 기회들을 최대한 활용하기 위해 노력했습니다.

주변에 계신 선생님들, 쉽게 접할 수 있는 매체들, 그리고 주어진 활동들을 최대한 활용하겠다고 마음을 다지고, 실천했습니다. 이를 통해 자연스럽게 다른 학생들과는 다른 학교생활을 보내며 더욱 넓은 지식을 쌓을 수 있었습니다.

지금부터는 선배들은 학교생활에서 어떤 기회를 활용하고자 했는지 살펴보고 우리도 주변에 있는 기회들을 최대한 활용하며 남들과는 다른 학교생활을 만들어봅시다.

주어진 기회를 최대한 활용하자!
합격 선배의 학교생활 1.

주변 사람들을 최대한 활용하는 것을 추천합니다. 특히 선생님들께 자문을 많이 구했으면 좋겠습니다. 저는 관련 정보를 얻기 힘든 소비자학 전공을 목표로 하고 있었기 때문에 막막하다는 생각이 자주 들었습니다. 그러나 다양한 선생님들께 먼저 나서서 조언을 구하니 소비자학도 생활기록부에서 충분히 어필할 수 있는 부분이 있었다는 것을 알 수 있었습니다. 처음 저의 한정적인 생각에서는 어렵다고 생각했었습니다. 그러나 주변 선생님들께 적극적으로 조언을 구하니 선생님들도 각 교과목과의 연결점을 함께 고민해주셨고 이를 통해 새로운 아이디어들을 많이 떠올려 다양한 학습을 진행할 수 있었습니다. 여러분들도 선생님들께 적극적으로 조언을 구해서 생각지 못했던 아이디어들을 담아 학교생활기록부를 완성해보시길 바랍니다.

주어진 기회를 최대한 활용하자!
합격 선배의 학교생활 2.

본인에게 익숙하거나 쉽게 접할 수 있는 방법으로 다양한 지식을 쌓아두는 것을 추천합니다. 저는 평소 다양한 뉴스, 칼럼 등을 읽고 그 중 인상 깊었던 내용을 발표에 활용하는 편이었습니다. 전공지식을 요하지 않는 고등학생 때에는 다양한 학문, 사회 현상에 관심을 가져야 한다고 생각했기에 단순히 인터넷 자료만 조사하는 것이 아니라, 제게 익숙한 인문 서적을 읽고 팟캐스트를 들으며 넓고 얕은 지식을 쌓으려 노력했습니다. 이를 통해 저는 재밌게 정보를 찾을 수 있었으면서도 각 과목마다 어울리는 주제를 쉽게 찾아낼 수 있었습니다. 또한, 저는 주제를 선정할 때 너무 전문적인 지식을 중점으로 하기보다는 나에게 인상 깊었던 이유, 이 주제를 통해 내가 얻을 수 있는 지식과 같이 활동의 의의를 고려하여 주제를 선정했습니다. 나에게 인상 깊었던 활동들 위주로 진행하다 보니, 자기소개서를 작성하고 면접을 준비할 때도 기억에 잘 남아있어 편했습니다.

주어진 기회를 최대한 활용하자!
합격 선배의 학교생활 3.

주어진 교내 활동을 하나의 기회로 생각하고, 적극적으로 활용해야 합니다. 원서 접수를 할 즈음 생활기록부를 다시 점검했을 때, '세특 주제 참 잘 정했다'라는 생각이 들 정도로 저는 3년간 쌓아온 세특에 한 치의 아쉬움이 없었습니다. 탐구활동 하나하나 주제를 고르는데 정말 많은 노력을 들였던 기억이 납니다. 저는 사소하거나 중요하지 않은 활동은 없다고 생각했습니다. 하나의 탐구활동은 나라는 사람을 보여줄 수 있는 하나의 소중한 기회라 생각하여 허투루 하는 법이 없었습니다. 누가 주제를 알려준 것도 아니었고, 다른 누구의 것을 참고한 것도 아니었습니다. 사소한 활동이라도 나의 진로와 연관 지어 생각하고, 나의 역량을 최대한 녹여낼 수 있는 주제를 선정하고자 노력했던 것이 학생부종합전형에서 빛을 발했다고 생각합니다. 여러분도 단순히 '활동'을 한다는 의무감을 가지기보다 정말 '나를 성장시키는, 나를 보여줄 수 있는' 기회라 생각하며 충실하게 학교생활에 참여해보시길 추천합니다.

지금까지 선배들이 직접 작성한 세특 관리 노하우 10가지에 대해 살펴보았습니다. 선배들의 생생한 경험이 담긴 글을 읽으며 학교생활을 활용하는 노하우는 물론, 선배들이 학교생활에 임하는 열정과 진지함도 한껏 느끼셨을 것으로 생각됩니다.

이제는 선배들이 여러분을 위해 준비한 두 번째 선물을 살펴볼 차례입니다. 합격 선배들이 대학에 진학하여 학습하며 여러분들에게 추천하고 싶은 전공, 진로 관련 탐구주제 100가지를 준비해놓았습니다. 다음 장에서 지금 바로 확인해봅시다!

02

합격 선배들이 추천하는
'100가지 탐구주제'

다음으로는 합격 선배들이 대학에 진학하여 학습하면서 여러분들에게도 추천해주고 싶다고 느꼈던 전공, 진로 관련 탐구주제를 모았습니다.

선배들이 추천한 100가지 탐구주제를 여러분들의 학교 활동 상황에 맞게 참고하여 우리만의 세특 강화 재료로 활용해봅시다!

66	급변하는 미디어 시장 흐름 분석 (ex OTT 서비스)
67	지상파 방송국의 적자와 외주화
68	한국의 헌법 제도와 판례 탐구
69	네트워크 중심전(NCW)
70	컴퓨터 네트워크에 대한 기본적인 지식 (Ex. OSI 7 layer).
71	C언어 등의 컴퓨터 언어.
72	수소에너지 연구 - 그린/블루 수소
73	ICT 규제 샌드박스
74	위드 코로나, 디지털 양극화
75	양자기술과 양자암호
76	비만과 유전자 치료 연구
77	빅테크와 독과점
78	고령자 돌봄 로봇 서비스

92	플라스틱 분해 미생물과 키트
93	미생물 연료전지 연구
94	수소 연료전지 연구
95	디지털 의료 연구 (개인 정밀 의학 등)
96	다크 데이터 연구
97	뇌-컴퓨터 인터페이스(BCI) 시스템과 기술
98	오가노이드 연구(ex. 미니 뇌)
99	전자 코 기술과 암 진단 기술 연ㅇ구
100	전도성 플라스틱 신소재 연구

자, 이렇게 Part 5를 통해 선배들의 학교생활 노하우는 물론, 대학 진학 후 더 넓은 시야로 추천한 100가지 탐구주제까지 확인해보았습니다. 이번 Part 5에서 확인한 노하우와 100가지 탐구주제는 여러분의 세특을 강화할 유용한 요소가 될 것입니다.

이젠 여러분의 차례입니다. 지금까지 세특 대장에서 배운 내용을 바탕으로 여러분만의 역량이 한껏 담긴 세특을 완성해봅시다!

맺음말

Part 5를 끝으로 세특 대장은 모두 끝이 났습니다. 세특대장은 총 5개의 파트를 통해 합격 선배들의 탐구활동 진행 및 주제도출 과정을 유형화하여 혼자서도 쉽게 적용할 수 있도록 전문가가 직접 고안한 방법을 소개한 책입니다. 지금까지 배운 내용을 다시금 되새겨 보면,

Part 1에서는 우리가 준비하는 학생부종합전형은 무엇인지, 그리고 세부능력 및 특기사항은 왜 중요한지 알아보았습니다. 이를 통해 학생부종합전형에서는 무엇을 평가하고 우리가 왜 세특을 관리해야 하는지 필요성에 대해 느끼셨을 겁니다.

이후 Part 2에서는 Part 1에서 이해한 내용을 바탕으로 우리가 탐구활동에서 겪게 되는 자유주제와 조건이 있는 상황에 대해 다뤄보았죠. 자유주제에서는 나만의 키워드를 활용법을 배워 우리만의 키워드가 담긴 주제를 도출할 수 있게 되었습니다. 그리고 조건이 있는 까다

로운 탐구활동도 겁먹지 않고 대처할 수 있는 3가지 방법도 배워보았습니다.

Part 2를 지나 Part 3에서는 세부능력 및 특기사항에 기재되는 모든 상황에서 학생부종합전형의 평가 요소인 학업역량, 발전 가능성, 인성 역량을 강조하는 방법을 살펴보았습니다. 이를 통해 우리는 전공적합성뿐만 아니라 학생부종합전형의 주요 평가 요소 고루 갖춰야 하는 이유와 방법까지 알 수 있었습니다.

그리고 Part 2와 Part 3에서 배운 내용을 Part 4에서 합격 선배의 사례를 활용해 복습하는 시간을 가졌죠. 실제 합격 선배가 활동에 적용한 사례를 보며 앞서 배운 내용들에 대해 더욱 확실하게 이해해볼 수 있었습니다.

이후 마지막 Part 5에선 세특대장 집필에 참여한 선배들의 학교생활 노하우와 추천 탐구주제 100가지까지 확인해보았습니다. 선배들의 노하우와 탐구주제 중 나에게 맞는 내용을 잘 활용한다면 앞으로 우리의 학교생활기록부를 더욱 알차고 풍성하게 강화할 수 있겠죠?

지금까지 나만의 활동을 쉽게 만들어 여러분만의 역량이 가득 담긴 세특을 완성하기 위한 여러 가지 방법과 노하우를 학습해보았습니다. 이젠 학습한 내용을 실제로 학교에서 적용해보면서 우리만의 역량이 담긴 세특을 완성해볼 시간입니다.

이 책이 앞으로 학교생활에 도움이 되길 진심으로 기원합니다. 여러분이 목표하는 대학에 합격하는 마지막 순간까지 진심으로 응원하겠습니다. 감사합니다.